外观设计
专利权评价报告
典型案例分析

**Evaluation Report
on Design Patent
Right**

国家知识产权局专利局外观设计审查部 / 组织编写

知识产权出版社

全国百佳图书出版单位

图书在版编目（CIP）数据

外观设计专利权评价报告典型案例分析／国家知识产权局专利局外观设计审查部组织编写．
—北京：知识产权出版社，2019.2

ISBN 978－7－5130－6077－6

Ⅰ.①外… Ⅱ.①国… Ⅲ.①外观设计—知识产权—案例—中国 Ⅳ.①D923.405

中国版本图书馆 CIP 数据核字（2019）第 018172 号

责任编辑：崔开丽　　　　　　　责任校对：王　岩

封面设计：SUN 工作室　韩建文　　责任印制：刘译文

外观设计专利权评价报告典型案例分析

国家知识产权局专利局外观设计审查部　组织编写

林笑跃　主编

出版发行：	**知识产权出版社** 有限责任公司	网　　址：	http：//www.ipph.cn
社　　址：	北京市海淀区气象路 50 号院	邮　　编：	100081
责编电话：	010－82000860 转 8377	责编邮箱：	cui_kaili@sina.com
发行电话：	010－82000860 转 8101/8102	发行传真：	010－82000893/82005070/82000270
印　　刷：	三河市国英印务有限公司	经　　销：	各大网上书店、新华书店及相关专业书店
开　　本：	720mm×1000mm　1/16	印　　张：	12
版　　次：	2019 年 2 月第 1 版	印　　次：	2019 年 2 月第 1 次印刷
字　　数：	211 千字	定　　价：	78.00 元

ISBN 978－7－5130－6077－6

编 委 会

前　言

我国《专利法》第三次修改引入外观设计专利权评价报告制度，外观设计专利权评价报告是国家知识产权局对专利权稳定性的评价，既可以作为人民法院或者管理专利工作的部门审理、处理专利侵权纠纷的证据，帮助侵权审理机关及时作出是否中止专利侵权纠纷审理的裁定，又可以让专利权人和相关当事人正确认识获得的专利权的稳定性，避免盲目进行没有价值的受让专利权、订立专利权实施许可合同的行为。其作为外观设计专利初步审查的有益补充，得到了社会公众的认可和重视，在法院诉讼、电商平台维权、海关备案等方面发挥着越来越重要的作用。

外观设计专利权评价报告制度自 2009 年 10 月 1 日实施以来，外观设计专利权评价报告的请求量呈逐年快速增长态势，2017 年的年请求量已达 1.2 万件，外观设计专利权评价报告工作已经成为外观设计审查部日常工作中的重要部分。外观设计审查部整理了近 3 万件已审结的评价报告，组织具有丰富经验的审查员编写了《外观设计专利权评价报告典型案例分析》一书。本书共分为"外观设计专利权评价报告基础知识""外观设计专利权评价报告典型案例"和"外观设计专利权评价报告的作用"三个部分，涉及外观设计评价报告制度简介、各种典型外观设计专利权评价报告的列举、外观设计专利权评价报告的运用案例等内容。同时，本书编写人员面向法院、海关、公司企业、代理机构等组织和个人搜集了大量关于外观设计专利权评价报告的运用案例，高度归纳总结了外观设计评价报告的各种典型情况，可以说，本书凝结了外观设计审查部近十年来对外观设计专利权评价报告工作的研究成果。

本书的定稿时间为 2018 年 11 月 11 日，之后因专利权人等著录项目变更造成与本书记载专利信息不一致的，以专利登记簿记载的信息为准。

　　希望本书能够让创新主体和代理人更深入地了解外观设计专利权评价报告的内涵，使专利权得到更有效的保护。非常感谢在本书案例收集、编辑撰写过程中给予大力支持的相关人员。由于时间和精力有限，不可避免地存在瑕疵，欢迎广大读者对书中内容提出宝贵意见。

国家知识产权局专利局外观设计审查部

2018 年 11 月 11 日

目　　录

第一部分

外观设计专利权评价报告基础知识

一、专利权评价报告制度的立法背景

《中华人民共和国专利法》（以下简称《专利法》）第 40 条规定："实用新型和外观设计专利申请经初步审查没有发现驳回理由的，由国务院专利行政部门作出授予实用新型专利权或者外观设计专利权的决定，发给相应的专利证书，同时予以登记和公告。"相对于进行实质审查的发明专利而言，授予的实用新型专利权和外观设计专利权法律状态不如发明专利稳定。一些实用新型和外观设计专利权人不能正确认识这种法律不确定性，常常过于轻率地针对他人的实施行为提出专利侵权指控，如果其专利权稳定性差，则有可能被宣告无效，其结果不仅白白耗费自己的人力物力，而且也给他人的正常生产经营活动带来影响和干扰。[①] 在中国外观设计专利智能检索系统上线之后，对外观设计图片或者照片的检索能力已经具备。为此，我国在 2008 年修订的专利法中增加了外观设计专利权评价报告的相关规定。在侵权纠纷的审理或处理中，虽然评价报告并非原告提起侵权诉讼的立案条件，但评价报告一方面可以帮助权利人了解自己专利的稳定性，避免提起不必要的专利侵权诉讼；另一方面，处理纠纷的人民法院或者管理专利工作的部门在必要的时候可以要求原告提供相关的专利稳定性证明文件，可以缩短诉讼周期。因此有必要设立评价报告制度，让专利权人、利益相关人、处理侵权纠纷的人民法院或者管理专利工作的部门有渠道获取和了解初步审查制度下的实用新型和外观设计专利权是否稳定的信息。

（一）空白阶段

1984 年制定的《专利法》第 40 条规定："专利局收到实用新型和外观设计专利

---

① 尹新天：《中国专利法详解》，知识产权出版社，2011 年出版，第 683 页。

申请后，经初步审查认为符合本法要求的，不再进行实质审查，即行公告，并通知申请人。"第 44 条规定："对专利申请无异议或者经审查异议不成立的，专利局应当作出授予专利权的决定，发给专利证书，并将有关事项予以登记和公告。"可以看出自我国《专利法》实施之日起对于实用新型和外观设计专利申请的审查就定位为初步审查制度，但当时的立法工作者可预见性地考虑了初步审查制度可能带来的权利不稳定问题，故在当时的立法中还引入了异议制度。1984 年《专利法》第 41 条和第 42 条中规定了授权公告后的异议程序，即"专利申请自公告之日起三个月内，任何人都可以依照本法规定向专利局对该申请提出异议"，且一旦"专利局经审查认为异议成立的，应当作出驳回申请的决定"。在 1992 年《专利法》第一次修改后，上述两个条款中的异议程序演变为撤销程序，即"自专利局公告授予专利权之日起六个月内，任何单位或者个人认为该专利权的授予不符合本法有关规定的，都可以请求专利局撤销该专利权"，"专利局对撤销专利权的请求进行审查，作出撤销或者维持专利权的决定"。但是就实际作用而言，撤销程序的作用与专利无效宣告程序的作用类似，所以在 2000 年《专利法》第二次修改时彻底删除了撤销程序。

最高人民法院 1985 年发布了《关于开展专利审判工作的几个问题的通知》，规定被告反诉专利权无效时，受理专利侵权诉讼的法院，可根据民事诉讼法相关规定中止诉讼，待专利权有效或无效的结论得出后，再恢复专利侵权诉讼程序。实践中，法院为了防止法院判决与日后无效宣告程序的结论相矛盾，对于被告反诉专利权无效且专利复审委员会受理该无效宣告请求的情况一律作出中止诉讼的裁定，待无效宣告程序作出决定后再恢复审理。这就出现了一些被控侵权人利用无效宣告程序故意拖延诉讼时间，继续实施侵权行为，损害专利权人合法权益的情况。这种情况同时影响了市场竞争秩序，占用了行政部门和司法机关的资源。

为了保护专利权人的合法权益，避免侵权损害的扩大，最高人民法院在 1992 年又作出了《关于审理专利纠纷案件若干问题的解答》，对于专利侵权诉讼因被诉侵权人请求宣告专利权无效而必须中止审理的问题进行了限制性规定，对发明专利与实用新型和外观设计专利采取了区别对待的原则：一是必须中止的情形仅针对实用新型和外观设计专利侵权案件；二是提出无效宣告的时机必须是在答辩期内。这一规定克服了不分专利类型、不分时间、不分理由，只要提出无效宣告请求，法院就一律中止诉讼的缺陷。但该规定在实践中仍然存在一些问题：一是对时机要求过于严格，15 日的答辩期对被诉侵权人找到提出无效宣告请求的理由而言过于短暂，由此产生的问题是，即使没有找到证据或者正当的理由，被诉侵权人为了程序用尽，会因时间限制而盲目地提出无效宣告请求，反而增加了专利复审委员会和人民法院的负担；二是中止对侵权诉讼的审理，令真正满足授权条件的实用新型专利和外观设计专利得不到及时有效的司法保护；三是被诉侵权人在提出无效宣告请求时需要具有证据和正当理由，这就演变为由被告承担专利权有效性的举证责任，增加了被告的举证义务，与诉讼法的举证原则相违背。

（二）检索报告制度阶段

随着我国实用新型和外观设计专利申请数量和授权数量的不断增长，侵权诉讼中出现的上述问题变得更加突出。为了解决这些问题，2000 年在《专利法》第二次修改时针对实用新型引入了实用新型专利检索报告制度。2000 年的《专利法》第57 条第 2 款规定："……涉及实用新型专利的，人民法院或者管理专利工作的部门可以要求专利权人出具由国务院专利行政部门作出的检索报告。"2002 年《中华人民共和国专利法实施细则》（以下简称《专利法实施细则》）第 55 条和第 56 条也作了适应性修改，规定了实用新型专利检索报告制度所具备的特点：一是提出的时机要求是实用新型专利授权公告后；二是请求人是实用新型专利权人；三是对实用新型专利是否具有新颖性或创造性进行检索。

总体来说，在被授予专利权的实用新型专利公告后，专利权人可以请求国务院专利行政部门作出实用新型专利检索报告。国务院专利行政部门根据专利权人的请求，对每一项权利要求是否满足新颖性、创造性进行检索分析，给出结论，并记载在实用新型专利检索报告上。如果国务院专利行政部门认为该专利不符合具有新颖性、创造性的规定，则应当引证对比文件并说明理由。在侵权诉讼中，法院参考实用新型专利检索报告的结论来判断是否需要等待无效宣告程序的决定而中止审理。当专利侵权纠纷涉及实用新型专利时，执法机关可以要求专利权人出具国家知识产权局作出的检索报告，作为其专利权稳定性的初步证据。

最高人民法院在 2001 年 6 月 7 日的司法解释《关于对诉前停止侵犯专利权行为适用法律问题的若干规定》中第 4 条对实用新型检索报告的法律效力作出了规定，专利权人或者利害关系人可以向人民法院提出诉前责令被诉侵权人停止侵犯专利权行为的申请。提出的申请涉及实用新型专利的，专利权人应当提交国务院专利行政部门出具的检索报告。2001 年 6 月 22 日作出的《关于审理专利纠纷案件适用法律问题的若干规定》中第 8 条第 1 款规定："提起侵犯实用新型专利权诉讼的原告，应当在起诉时出具由国务院专利行政部门作出的检索报告。"同时，第 9 条规定，被告在答辩期间内请求宣告专利权无效的，原告出具的检索报告未发现导致实用新型专利丧失新颖性、创造性的技术文献的，人民法院可以不中止诉讼。由上述司法解释来看，在侵权诉讼中实用新型检索报告似乎既是专利权人提起侵权诉讼的必要条件，又是在被告提出无效宣告请求的情形下，法院判断是否中止诉讼的参考条件。

针对上述问题，最高人民法院在《关于对出具检索报告是否为提起实用新型专利侵权诉讼的条件的请示的答复》中作出明确解释，《关于审理专利纠纷案件适用法律问题的若干规定》第8条规定的提起侵犯实用新型专利权诉讼的原告，应当在起诉时出具国家知识产权局作出的检索报告"是根据《专利法》第五十七条第二款作出的，主要针对在专利侵权诉讼中因被告提出宣告专利权无效导致中止诉讼问题而采取的措施。因此，检索报告，只是作为实用新型专利权有效性的初步证据，并非出具检索报告是原告提起实用新型专利侵权诉讼的条件。该司法解释所称'应当'，意在强调从严执行这项制度，以防过于宽松使之失去意义……但对于原告坚持不出具检索报告，且被告在答辩期间内提出宣告该项实用新型专利权无效的请求，如无其他可以不中止诉讼的情形，人民法院应当中止诉讼"。据此，检索报告的法律定位是作为实用新型专利权有效性判断的初步证据，并非是原告提起实用新型专利侵权诉讼的必要条件。凡是符合《中华人民共和国民事诉讼法》（以下简称《民事诉讼法》）规定的起诉条件的案件，人民法院均应当立案受理。这又导致了一个新情况的出现，即在诉讼中由权利人提供证据是权利人的一般举证责任。但是根据《关于审理专利纠纷案件适用法律问题的若干规定》的第8条第1款规定，实用新型专利权人在出具实用新型专利证书后，司法机关认为必要还可以要求其出具国家知识产权局作出的检索报告。这就为实用新型专利权人证明自己的权利的法律状态规定了特别的举证责任。

在《专利法》第二次修改时仅建立了实用新型专利检索报告制度，并未涉及同样为初步审查制度的外观设计专利，主要原因是由于当时国家知识产权局缺乏能够用于进行外观设计图片或者照片检索对比的现有设计数据库，技术手段尚未达到出具外观设计检索报告的水平。总的来说，在《专利法》中引入检索报告制度，是为了弥补实用新型初步审查制度不进行实质审查造成的权利不稳定问题，解决侵权诉讼中被诉侵权人拖延时间的问题，并同时限制权利人的权利滥用。但是由于检索报告不对专利权进行全面评价，且只能由专利权人提出请求，在诉讼过程中也不是立案的必要条件，仅仅作为可以不中止诉讼的情形之一，因此，检索报告的使用受到了一定的限制，在司法实践中并没有达到预期的立法目的。

（三）专利权评价报告制度阶段

2008年《专利法》第三次修改时，国家知识产权局在征询修改意见的过程中，发现实用新型专利检索报告制度还存在以下问题：请求人的范围仅限于专利权人；请求人在检索报告作出前缺乏意见陈述的机会；检索报告作出后没有向社会公开等。同时亦发现：涉及外观设计专利的侵权诉讼的案件量非常大，专利权人、相关部门及人民法院对外观设计专利权稳定性了解的需求也非常大。

《专利法》在第三次修改时总结了实践中遇到的问题，对检索报告制度进行了全面的补充和完善，其中主要涉及四个方面的修改：一是将专利检索报告的名称修改为"专利权评价报告"，并对报告的内容适当扩充，不仅依靠检索到的文献信息对专利是否具备新颖性、创造性进行分析评价，还对专利权是否满足授予专利权的其他实质性条件进行分析评价；二是将专利权评价报告的适用范围扩大到实用新型专利和外观设计专利，从而更有利于外观设计专利侵权纠纷的解决；三是在需要出具专利权评价报告的主体中增加了利害关系人，便于有权单独依法提起专利侵权诉讼或者处理专利侵权纠纷的利害关系人利用该制度；四是明确了专利权评价报告的性质和法律效力，规定专利权评价报告只是作为法院审理专利侵权案件或者管理专利工作的部门处理专利侵权纠纷的证据。① 2010 年修订的《专利法实施细则》进一步规定了评价报告的请求和作出程序，明确对同一项专利权，仅作出一份专利权评价报告，并允许公众查阅或者复制该评价报告。②

2015 年修改的《关于审理专利纠纷案件适用法律问题的若干规定》中第 8 条第 1 款规定，根据案件审理需要，人民法院可以要求原告提交检索报告或者专利权评价报告。原告无正当理由不提交的，人民法院可以裁定中止诉讼或者判令原告承担可能的不利后果。上述规定明确了在现行法律框架下专利权评价报告的证据地位和法律效力，但专利权评价报告在侵权诉讼中作用不明显、使用率不高等问题是否能够得到解决，仍需司法实践来验证。

此外，实用新型的检索报告制度并未被专利权评价报告制度完全替代。根据相关法律规定，自 2009 年 10 月 1 日起提出申请的实用新型和外观设计专利适用于专利权评价报告制度；申请日在 2009 年 10 月 1 日前提出申请的实用新型专利仍然适用实用新型检索报告制度。③

---

① 参见《专利法》第 61 条第 2 款。
② 参见《专利法实施细则》第 56 条、第 57 条。
③ 国家知识产权局 2009 年 9 月 29 日发布的《关于施行修改后专利法有关事项的通知》第 5 项规定：国家知识产权局仅对申请日（有优先权的，指优先权日）在 2009 年 10 月 1 日之后（含该日）的实用新型专利或外观设计专利作出专利权评价报告；对申请日（有优先权的，指优先权日）在 2009 年 10 月 1 日之前的实用新型专利，只作出实用新型专利检索报告。

二、国外相关制度简介

（一）国外相关制度概述

与我国的专利权评价报告制度相类似的技术评价报告或检索报告制度主要存在于对实用新型采取非实质审查制度的国家或地区中，其目的主要是为了弥补权利可能存在的不稳定情况。而对于外观设计专利，各国或地区并没有建立相应的评价报告或检索报告制度，本节通过对国外关于实用新型专利的技术评价报告或检索报告的了解，结合各国或地区的相关外观设计制度分析，来进一步对外观设计专利权评价报告的相关制度进行比较分析。

1. 德国

德国于1891年颁布了《德国实用新型保护法》，将其作为1867年制定的《德国版权法》和《德国外观设计法》的补充，这种制度解决了外观设计保护解决不了的问题。[①] 德国实用新型保护所有的产品，不保护方法。[②] 德国实用新型制度采用的是注册登记制，对实用新型申请的新颖性、创造性和实用性不进行审查。为了克服实用新型专利权由于没有经过实质审查，导致稳定性较差的问题，德国在1986年修订《德国实用新型保护法》时，设计了检索报告制度。

德国的实用新型检索报告制度与我国的专利权评价报告制度相比具有一定的差异。第一，根据《德国实用新型保护法》第7条第（2）款的规定：检索请求可以由实用新型申请人或者登记的权利人以及任何第三人提出。可见德国检索报告的请求主体可以是包括实用新型申请人在内的任何人，并不排除被控侵权人提出请求检索报告的权利。第二，不同请求人的请求时机有所区别。《德国实用新型保护法》规定，申请人可以在申请实用新型的同时[③]或获得注册登记后提出检索报告请求，一旦申请获得注册登记，任何人都可以提出检索请求。[④] 如果检索报告的结论认为

---

① 联邦法院在"火花塞"（Zuendaufsatz BGH GRUR 66，97，99）案、"电子开关"案（GRUR74，406，409）等案件中确定了一个原则：仅具有技术功能的结构不属于外观设计法保护的范畴。仅仅为满足技术上需要的结构，不能获得外观设计法保护。

② 《德国实用新型保护法》第2条。

③ 申请人在递交实用新型申请的同时提出检索请求，实用新型的注册登记程序并不因此而中止。如果申请人希望在登记前先获得检索结果，以便在获得检索结果后决定是否继续登记程序，可以请求中止注册登记程序。注册登记程序的中止时间不得超过自申请日起15个月。

④ 国家知识产权局实用新型专业委员会：《中外主要实用新型制度的对比研究》，2007年2月，第12页。

实用新型不具备注册登记条件，他人可以向专利商标局提出撤销请求。① 德国之所以允许申请人在申请时提出检索的请求，是考虑到德国的实用新型不进行三性判断，申请人为了确保实用新型权在注册登记后不被注销，需要在注册登记前了解自己权利的稳定性情况。第三，在法律性质上，德国的实用新型检索报告属于行政决定的范畴，如果申请人对德国专利商标局检索报告的结果不服，可向德国联邦专利法院提起行政诉讼。②

德国在 1867 年颁布了第一部外观设计法，对外观设计保护采取的是近似版权保护的模式，外观设计权利人仅仅具有禁止他人仿制的权利而不具有排他权利。1992年德国外观设计法增加了撤销程序，该程序被认定为民事争议程序，由地方法院而不是专利法院管辖。③ 根据 2002 年《德国外观设计法》第 10c 条的规定：在保护期满、未及时缴费、注册所有人请求、第三人请求并提交符合规定的文件和注册人同意放弃注册的声明的情形下，图案或者模型注册失效；在注册的图案或模型不具备可保护性，或者申请人不具备申请资格的情形下，注册人可以在诉讼中表示同意撤销注册。2004 年德国制定了《德国外观设计改革法》，规定授予外观设计权利人使用其外观设计以及禁止第三人未经其允许使用其外观设计的排他权，④新增了外观设计的无效宣告程序和以修改的方式部分维持的规定，并增加了解决权利冲突的程序。

2014 年，《德国关于修改外观设计法和展会保护规定的法案》正式生效。德国专利商标局新设外观设计部门裁决外观设计的无效请求。⑤ 总体来说，德国外观设计法中并没有设置类似我国专利权评价报告的制度。

2. 日本

为了保护本国的小手工业，日本于 1905 年参照德国法律体系颁布了《日本实用新型法》，对实用新型采取与发明相同的实质审查制。1993 年日本对《日本实用新型法》进行了修改和调整，将实质审查制度改为非实质审查制度，仅仅对申请是否满足形式要件和基本条件进行审查，同时引入了实用新型的技术评价报告制度。日本实用新型保护的客体与中国相类似，即只保护产品，不保护方法，在创造性标准上与发明相比要低，主要判断实用新型是否能够"非常轻易"地作出。日本特许厅

---

① 德国地方法院对实用新型的有效性和侵权问题具有双重的管辖权。

② 李永红：《在中国技术发展的视角下看我国实用新型保护制度》，载《专利法研究 2004》，知识产权出版社，2005 年第 1 版，第 148 页。

③ 作为民事争议程序，其原告必须是相关权利人。

④ 根据新法规定，除在延迟公开期间，一项获得保护的外观设计具有绝对的排他权利。

⑤ 此前，德国的外观设计无效程序在有管辖权的地方法院进行裁决。

作出的技术评价报告由审查员在对现有技术进行检索的基础上，对已经登记的实用新型是否符合授权条件进行客观的评判，任何人在实用新型提出申请后的任何时候都可以向日本特许厅提出请求。日本特许厅作出的技术评价报告并非行政决定，申请人如果对报告的结论不服，不能提出申诉或诉讼。日本的实用新型技术评价报告制度对于防止权力人滥用权利、保障社会公众的利益具有积极的意义。

与我国的专利权评价报告制度相比，日本的实用新型技术评价报告制度具有以下特点。第一，任何人在申请实用新型的同时或者以后的任何时间都可以向日本特许厅提出出具实用新型技术评价报告的请求。《日本实用新型法》第12条规定，任何人在实用新型申请提出后都可以提出实用新型技术评价报告的请求，即使在实用新型权利终止后，也可以提出技术评价报告的请求，但该实用新型已被宣告无效的除外。对实用新型技术评价报告的请求一旦提出，不能撤销。第二，实用新型的技术评价报告作出后，作出报告的这一事实要在实用新型公报上进行公告。《日本实用新型法》第13条规定，在实用新型公告发出前收到实用新型技术评价报告请求的，必须在该实用新型公告发出之时或之后公告；在实用新型公告发出之后收到实用新型技术评价报告请求的，必须在其后及时将这一内容登载在实用新型公报上。第三，在法律效力上，实用新型技术评价报告一般被认定为类似于鉴定意见的证据，不是行政决定，不具有法律效力，也没有后续的救济程序，因此不能对技术评价报告的结论提起申诉或行政诉讼。第四，权利人在行使实用新型权时必须出具技术评价报告。《日本实用新型法》第9条第2款规定，实用新型权利人或者独占实施权利人，向他人提出侵权指控或侵权警告前，必须出具实用新型技术评价报告。如果检索出能破坏新颖性或创造性的现有技术，而实用新型权利人仍指控他人侵权的，在该实用新型权被无效后，实用新型权利人要赔偿对方因此而受到的损失。

日本于1888年推出《日本外观设计条例》，创建了外观设计保护制度；1899年，制定了《日本意匠法》。日本对外观设计申请采取实质审查制度，授权的外观设计需要满足"新颖性"和"创造性"的要求，《日本意匠法》第3条规定了外观设计注册的要件。第一，创作了适于工业应用的外观设计的人，除下述外观设计之外，均可就其外观设计获得外观设计注册：（1）外观设计注册申请前在日本国内或者国外已公知的外观设计；（2）外观设计注册申请前在日本国内或者国外所发行的刊物上已有记载的外观设计或者公众通过电信线路可获知的外观设计；（3）与前两项所列外观设计类似的外观设计。第二，外观设计注册申请前，具备该外观设计所属技术领域一般知识的人根据在日本国内或者国外已公知的形状、图案、色彩或者其结合能容易地创作出该外观设计的，不适用前款的规定，不能就该外观设计（前款各项所列者除外）获得外观设计注册。因日本的外观设计采取实质审查制度，故《日本意匠法》中也不需要设置类似我国专利权评价报告的制度。

3. 韩国

韩国 1961 年制定了《韩国实用新型法》，对实用新型申请采取实质审查制度。1999 年，受日本修改《日本实用新型法》的影响，韩国对《韩国实用新型法》进行了重大修改，规定所有的实用新型通过形式审查就可以获得登记。实用新型权利人应当在实用新型取得登记之后，向韩国特许厅请求作出技术评价报告，并在其实用新型权利受到侵犯时利用技术评价报告进行对抗。韩国将实用新型的实质审查制度修改为形式审查制度，即对实用新型的申请不再进行实质审查，仅对申请文件进行形式审查。同时，韩国对实用新型辅以技术评价报告制度，目的是对已登记的实用新型权利的稳定性进行评估，一方面防止权利人的权利滥用，另一方面也帮助权利人对抗涉嫌侵权行为。

韩国将实用新型审查制度由实质审查制度改为形式审查制度，目的在于使实用新型的申请人能够更快、更容易地获得保护，同时减轻实用新型申请量增长所带来的巨大审查负担。但是该制度实行几年后，韩国特许厅发现多数实用新型申请人都会提出技术评价报告的请求，形式审查制度并没有解决实用新型申请量快速增长所造成的审查负担问题。与此同时，滥用或误用实用新型权利的问题则越来越突出。2006 年，韩国再次修改《韩国实用新型法》，将审查方式由形式审查修改为实质审查。因此，韩国的实用新型技术评价报告制度仅在 1999 年至 2006 年实行。

1999 年至 2006 年韩国的实用新型技术评价报告制度具有以下特点。第一，任何人在实用新型申请日或申请日后的任何时间都可以向韩国特许厅提出出具实用新型技术评价报告的请求。即使是实用新型权利期限届满，在相关的请求理由存在时，仍然可以请求韩国特许厅作出技术评价报告。第二，技术评价报告的评价内容与专利实质审查的内容有所区别。专利实质审查必须对所有权利要求进行全面审查，但技术评价报告可以仅针对权利要求中的某一项权利要求进行评价。韩国特许厅仅针对请求人请求的那些权利要求进行评判并作出维持或撤销实用新型登记的决定。对于那些并不存在可撤销理由的其他权利要求，韩国特许厅可以作出维持这些权利要求仍然有效的决定。[①] 韩国特许厅必须对每一个被请求作技术评价的权利要求作出评价，并写明撤销权利要求的原因。第三，在作出撤销实用新型登记决定前，技术

---

①　如果韩国特许厅作出的技术评价报告并没有针对全部的权利要求，并且只是被请求的部分权利要求存在撤销的理由，那么该实用新型仅仅就这一部分的权利要求被撤销。

评价报告的请求人有书面陈述意见的机会。韩国特许厅在作出撤销实用新型登记的决定前，应当将决定告知提出技术评价报告的请求人以及该实用新型的权利人，并给请求人和实用新型权利人以书面陈述意见的机会并指明答复期限。如果审查员确定了意见陈述书和修改的权利要求书、说明书不能克服撤销的理由，韩国特许厅将会发出实用新型登记撤销通知书。第四，实用新型技术评价报告评价的范围并不仅仅局限于新颖性和创造性，而是包括所有被无效的理由。如果权利人对撤消登记决定不服，可以请求复审；如果利害关系人对维持登记决定不服，可以提出无效宣告请求。第五，从法律性质上看，对韩国特许厅根据技术评价报告作出的维持或撤销实用新型登记的决定，申请人不能提出上诉。第六，技术评价报告应当及时在实用新型公报上登载。韩国特许厅在收到技术评价报告请求之后即在实用新型公报上进行公布，实用新型权利人之外的请求人提出技术评价报告请求的，在公告上公布，通知专利权人有关技术评价报告提出的信息。第七，实用新型权利人在提起诉讼时必须出具技术评价报告。实用新型权利人只有在出具维持登记决定的评价报告副本后，才能向侵权人主张其权利。

再来分析韩国的外观设计制度。韩国的外观设计审查制度在国际上是比较特殊的，其实施的是双重审查制度：实质审查制度和无审查制度。实质审查制度是对外观设计申请是否符合注册的全部形式条件和实质条件进行审查；无审查制度则只对外观设计申请是否符合形式条件、是否违反公共秩序或者公序良俗、是否易于创造等内容进行审查。[①] 二者的权利效力是相同的。设置无审查制度主要是为了满足产品生命周期较短的外观设计的需求，使该类产品可以在短期内获得授权。对于无审查制度导致的外观设计权利不稳定的问题，韩国引入了异议程序。韩国外观设计在授权后成为异议申请的对象，任何人可以在注册公告之日起三个月内提起异议申请，韩国特许厅指定三名审查员组成合议组对异议申请进行审查，对授权的外观设计作出撤销或者维持的决定。因此，韩国外观设计制度中也不需要设置类似我国专利权评价报告的制度。

4. 法国

法国在1791年颁布了第一部《法国专利法》，1978年法国又颁布了第四部《法国专利法》，对法条进行了修改和补充。法国的实用证书检索报告制度是指申请人在提出实用证书申请时或者提出实用证书侵权诉讼时，申请人应当书面向知识产权

---

① 加入《海牙协定》前韩国使用本国分类表划分无审查制度涵盖的类别，加入《海牙协定》后，韩国无审查制度的审查范围集中在洛迦诺分类表的02、05、19大类。

局提出作出检索报告的请求。法国实用证书的保护客体与专利相同，任何新发明都可以申请实用证书。因此，法国的实用证书不是真正意义上的实用新型体系，而是迅速获得专利申请登记的一种方式，提供了与标准专利类似的保护。在法国，凡具有创造性和工业实用性的新发明都可以申请实用证书，申请人可以直接提出实用证书注册申请，也可以在提出发明专利申请后，将专利申请转换为实用证书申请。

与我国的专利权评价报告制度相比，法国的实用证书检索报告制度有以下特点。第一，申请人提出发明专利申请后，自申请日起18个月内提出检索请求，则可能获得发明专利，若没有提出检索请求，该专利申请自动转换成实用证书申请。第二，实用证书的检索报告可以在实用证书授权前提出也可以在授权后提出，这样既有利于申请人对所申请的实用证书的实质性内容有更清楚的认识，也有利于简化后续诉讼程序。第三，实用证书检索报告的范围并不仅仅局限于对实用证书新颖性和创造性的评价，实用证书的审查范围和发明专利的审查范围是完全相同的。第四，实用证书检索报告的法律地位是明确的。《法国知识产权法典》规定，在发生侵权诉讼时，当事人必须出具实用证书检索报告。

法国的外观设计保护制度是相对成熟的，早在1902年法国法律就承认在外观设计的工业产权保护与版权保护之间划一条线是没有意义的。法国对外观设计确立了双重保护制度，即一切工业品外观设计，无论其艺术价值高低，均可同时受到《法国外观设计法》和《法国版权法》的双重保护。法国外观设计保护通过登记而获得，法国的外观设计申请分为普通申请和简单申请两种方式，简单申请主要是针对产品更新频率较快的装饰品、饰品类产品的申请而制定的。受欧共体外观设计指令的影响，法国对外观设计在"新颖性"和"独创性"方面有一定的要求，但是在审查时一般仅限于形式审查，即仅核实申请文件是否完整正确，而不进行授权前的检索。法国在外观设计制度方面没有类似于我国专利权评价报告的制度。

5. 奥地利

奥地利于1994年实行《奥地利实用新型法》，将其保护客体定为一切技术发明。奥地利的实用新型检索报告制度非常有特点，其对实用新型申请采取的是形式审查与检索报告相结合的审查制度。《奥地利实用新型法》规定专利局出具检索报告是强制性程序，也就是说，奥地利的实用新型检索报告不是应请求作出的，而是专利局在对实用新型申请形式审查合格后必须作出的文件。① 奥地利专利局对申请人提交的实用新型申请文件进行形式审查，审查该文件是否满足法律规定的形式要

---

① 《奥地利实用新型法》规定，专利局应当在申请日后的六个月内作出实用新型检索报告。

求。如果实用新型申请符合法律规定的形式要求，奥地利专利局就开始对该实用新型进行检索并出具检索报告。检索报告的内容除了评价部分外，还附有关于该实用新型申请的新颖性和创造性的对比文件。自收到检索报告两个月内，申请人可以根据报告的结论选择维持申请、修改权利要求书、撤回或放弃申请。如有正当理由，申请人可以请求延长两个月的上述期限，但是延长期限最多不超过两个月。专利局对于修改后的权利要求书将不再进行审查。如果申请人的修改超出了申请文件公开的范围，那么任何人都可以此为理由在无效程序中提出无效宣告请求。

奥地利的实用新型检索报告制度具有以下特点。第一，出具检索报告是强制性程序，实用新型检索报告不是应请求人的请求作出的，而是专利局在对实用新型申请形式审查合格后必须作出的文件。第二，专利局允许申请人在满足一定条件的情况下，不受检索报告作出时间的限制而请求加速注册公告。申请人也可不受检索报告提出时间的限制，在缴纳公布费及加速公告和注册的附加费并符合加速公告和注册的形式要求之后，请求公告并注册其实用新型。第三，实用新型检索报告应当进行公告。一般来说，检索报告是与实用新型说明书一起公开的，如果检索报告是在实用新型公告和注册后作出的，将单独予以公告。第四，专利局将检索报告的结论告知申请人，由申请人根据检索报告的结论作下一步的选择判断。将最终的选择权交予了申请人，在一定程度上减少了争端。①

作为欧盟成员国，奥地利的外观设计可直接向欧盟知识产权局（EUIPO）提交申请。欧洲知识产权局（EUIPO）不对现有设计进行检索，也不对实质性授权条件进行审查。

（二）相关制度比较分析

各国或地区的技术评价报告或检索报告制度都是依据各自的知识产权制度设置的。总体来说，以下几个方面的特点对我国的专利权评价报告制度日后的完善具有参考意义。

1. 请求主体

德国、日本、韩国对技术评价报告或检索报告的请求主体没有限制，包括申请人在内的任何人都可以提出请求。法国申请人则可以选择希望采用的类型保护其相关专利，因此由申请人自己提出出具检索报告请求。奥地利的实用新型检索报告不是应请求人的请求作出的，而是专利局对实用新型申请形式审查合格后的强制程序。

---

① 奥地利每年很少有实用新型无效案件。

2. 请求时机

德国规定申请人在实用新型申请提出时及以后的任何时间都可以提出检索报告的请求，其他人则在申请获得注册登记之后才可提出检索报告的请求。法国是在提出实用证书申请时或者提出实用证书侵权诉讼时，申请人应当书面向知识产权局提出作出检索报告的请求。日本对出具报告的请求时机没有限制。韩国2001年后将"允许请求人在申请日或申请日后的任何时候提出技术评价报告请求"修改为"登记之后才允许提出技术评价报告请求"。日本、韩国允许请求人在实用新型的保护期限终止后提出技术评价报告的请求，以保证权利人在有效期间权利的行使。

3. 作出程序和公告程序

总体来说，技术评价报告或检索报告是应请求人的请求启动的。比较特别的是，韩国的技术评价报告可以由特许厅依职权启动，奥地利的实用新型检索报告则是强制由专利局启动的。此外，日本、韩国都规定对实用新型技术评价报告的请求一旦作出，不能撤销。

对于公告程序，奥地利、日本、韩国都明确规定了关于技术评价报告或检索报告的公告制度。奥地利要求公告检索报告的内容，日本、韩国只要求公告作出技术评价报告的事实。

4. 听证程序

韩国特许厅给予申请人提交意见陈述和修改文本的机会，申请人可以对初步撤销意见予以答复，如果答复不能克服缺陷，审查员将作出撤销登记的决定。奥地利专利局则规定自检索报告送达后两个月期限内，申请人根据报告的结论可以选择维持申请、修改权利要求书、撤回或放弃申请。

5. 法律效力

德国、日本都认为技术评价报告或检索报告不是行政决定，因此请求人不能对报告提起申诉或行政诉讼，但是德国允许请求人依据检索报告的结论向德国专利局提出注销实用新型的请求。

法国的检索程序在发明专利和实用证书的相互转换中起着重要作用，出具检索报告是针对实用证书提起侵权诉讼的必要条件。日本规定实用新型权利人在发出侵权警告时，必须出具技术评价报告，如果检索出能破坏新颖性或创造性的现有技术，而实用新型权利人仍指控他人侵权的，在该实用新型权利被无效后，实用新型权利人要赔偿对方因此而受到的损失。韩国要求实用新型权利人只有在出具维持登记的技术评价报告副本后，才可以向侵权人主张权利。如果发现实用新型不符合授权条件的，韩国特许厅应作出撤销登记的决定。

三、我国出具外观设计专利权评价报告的基本流程

我国出具外观设计专利权评价报告的流程主要包括形式审查、外观设计专利权评价、作出外观设计专利权评价报告、查阅与复制以及报告更正。

（一）形式审查

国家知识产权局收到专利权人或者利害关系人提交的外观设计专利权评价报告请求书后，应当进行形式审查。

形式审查的内容主要包括请求书、请求人资格、请求客体及费用、委托手续等。外观设计专利权评价报告请求的客体应当是已经授权公告的外观设计专利，包括已经终止或者放弃的外观设计专利。根据《专利法实施细则》第 56 条第 1 款的规定，专利权人或者利害关系人可以请求国家知识产权局作出专利权评价报告。其中，利害关系人是指有权根据《专利法》第 60 条的规定就专利侵权纠纷向人民法院起诉或者请求管理专利工作的部门处理的人，例如专利实施独占许可合同的被许可人和有专利权人授予起诉权的专利实施普通许可合同的被许可人。外观设计专利权属于多个专利权人共有的，请求人可以是部分专利权人。对于评价报告的请求不符合形式审查规定的请求人应当在指定期限内进行补正。

（二）外观设计专利权评价

作出专利权评价报告的部门在收到外观设计专利权评价报告请求书后，应当指派审查员对该专利进行检索、分析和评价，作出外观设计专利权评价报告。

对外观设计专利权评价的法律条款，除《专利法》第 23 条第 3 款关于权利冲突的条款之外，包括所有的无效条款。排除外观设计专利权关于权利冲突的评价，是由于审查员的评价主要是通过对外观设计数据库的检索来完成的，无法获得在先权利的相关材料和证据，更不能主动寻找证据认定在先权利人，也没有质证程序，因此不具备对该条款进行评价的相应条件。由于授权公告的外观设计专利在初步审查过程中已经对其是否存在部分实质性缺陷进行了审查，因此对绝大部分外观设计专利的评价集中在通过检索判断其是否与现有设计相同、实质相同或不具有明显区别。

（三）作出外观设计专利权评价报告

国家知识产权局应当自收到合格的外观设计专利权评价报告请求书和请求费后，经审查合格两个月内作出专利权评价报告。需要注意的是多个请求人分别请求对同一件外观设计专利作出专利权评价报告的，国家知识产权局均予以受理，但仅作出一份专利权评价报告。

未发现被评价专利存在不符合《专利法》及《专利法实施细则》规定的授予专利权条件的，审查员应当在专利权评价报告中给出明确结论。对于被评价专利存在不符合《专利法》及《专利法实施细则》规定的授予专利权条件的，审查员应当在专利权评价报告中根据《专利法》及《专利法实施细则》具体阐述评价意见，并据此给出该专利不符合《专利法》及其实施细则规定的授予专利权条件的明确结论。①

外观设计专利权评价报告的初步结论分为三种情况：全部外观设计未发现存在不符合授予专利权条件的缺陷；全部外观设计不符合授予专利权条件；部分外观设计不符合授予专利权条件。

（四）查阅与复制

根据《专利法实施细则》第57条的规定，国家知识产权局在作出专利权评价报告后，任何单位或者个人可以查阅或者复制该专利权评价报告。查阅、复制专利权评价报告应当按照下列顺序进行，请求人提出书面请求并缴纳规定的费用，由专利局工作人员在审核请求人出具的有关证明或者证件后，对需要的评价报告进行复制。

（五）报告更正

作出专利权评价报告的部门在发现专利权评价报告中存在错误后，可以自行启动更正程序。请求人认为专利权评价报告存在需要更正的错误的，可以请求更正。专利权评价报告一般只允许提出一次更正请求，但对于复核组在补充检索后重新作出的专利权评价报告，请求人可以再次提出更正请求。②

---

① 专利权评价报告包括反映对比文件与被评价专利相关程度的表格部分，以及该专利是否符合《专利法》及其实施细则规定的授予专利权的条件的说明部分。

② 在更正程序中，复核组一般不进行补充检索，除非因事实认定发生变化，导致原来的检索不完整或者不准确。

四、外观设计专利权评价报告

（一）评价内容

外观设计专利权评价所涉及的内容包括以下几个方面。

（1）外观设计是否属于《专利法》第5条或者第25条规定的不授予专利权的情形。

（2）外观设计是否属于《专利法》第2条第4款规定的客体。

（3）外观设计是否符合《专利法》第23条第1款的规定。

（4）外观设计是否符合《专利法》第23条第2款的规定。

（5）外观设计专利的图片或者照片是否符合《专利法》第27条第2款的规定。

（6）外观设计专利文件的修改是否符合《专利法》第33条的规定。

（7）分案的外观设计专利是否符合《专利法实施细则》第43条第1款的规定。

（8）外观设计是否符合《专利法》第9条的规定。

（二）检索

检索应当针对外观设计专利的图片或照片表示的产品的外观设计进行，并考虑简要说明的内容。但请求保护的产品的外观设计属于下列情形之一的，审查员不必对该产品外观设计进行检索：

（1）不符合《专利法》第2条第4款的规定；

（2）属于《专利法》第5条或者第25条规定的不授予专利权的情形；

（3）图片或者照片未清楚地显示要求专利保护的产品的外观设计。

审查员应当检索外观设计专利在我国提出申请之日以前公开的外观设计。为了确定是否存在抵触申请，审查员还应当检索在该外观设计专利的申请日之前向专利局提交，并且在该外观设计专利的申请日后公告的外观设计专利。为了确定是否存在重复授权，审查员还应当检索在该外观设计专利的申请日向专利局提交的、并且已经公告的外观设计专利。

（三）外观设计专利权评价报告内容

外观设计专利权评价报告除包含被评价的外观设计专利基本法律信息外，还主要包括反映对比文件与被评价专利相关程度的表格部分，以及该专利是否符合《专利法》及其实施细则规定的授予专利权的条件的说明部分。

1. 表格部分

外观设计专利权评价报告的表格部分应当清楚地记载检索的领域、数据库、由检索获得的对比文件以及对比文件与外观设计专利的相关程度等内容。通常，采用下列符号表示对比文件与外观设计专利的关系：

X：单独导致外观设计专利不符合《专利法》第 23 条第 1 款或第 2 款规定的文件；

Y：与报告中其他文件结合导致外观设计专利不符合《专利法》第 23 条第 2 款规定的文件；

A：背景文件，即反映外观设计的部分设计特征或者有关的文件；

P：中间文件，公开日在外观设计专利的申请日与所要求的优先权日之间的文件，或者会导致需要核实外观设计专利优先权的文件；

E：与外观设计专利相同或者实质相同的抵触申请文件；

R：任何单位或个人在申请日向专利局提交的、属于同样的发明创造的外观设计专利文件。

上述类型的文件中，符号 X、Y 和 A 表示对比文件与外观设计专利在内容上的相关程度；符号 E 和 R 同时表示对比文件与外观设计专利在时间上的关系和在内容上的相关程度；符号 P 表示对比文件与外观设计专利在时间上的关系，其后应附带标明文件内容相关程度的符号 X、Y、E 或 A，它属于在未核实优先权的情况下所作的标记。

2. 说明部分

说明部分应当记载和反映专利权评价的结论。对于不符合《专利法》及其实施细则规定的授予专利权条件的被评价专利，还应当给出明确、具体的评价意见。

对于不符合《专利法》及其实施细则规定的授予专利权条件的外观设计专利的每项外观设计，均须给出简要的评价说明，并明确结论，必要时应当引证对比文件。

五、专利权评价报告的发展趋势

专利权评价报告制度自第三次修订《专利法》设立之后，经过几年的运行越来越被公众和利益相关者接受和认可。同时随着评价报告关注度和使用率的增加，该制度实施过程中所存在的一些问题也逐渐凸显。

（一）目前存在的主要问题

1. 侵权诉讼中的使用率

虽然《专利法》规定了专利权评价报告作为审理实用新型和外观设计专利侵权纠纷的证据，但是对于该证据如何影响专利权稳定性或有效性并没有作出相关规定，对于法官要求当事人提交专利权评价报告而当事人拒不提交的情况也没有规定相关惩罚措施。法院审理时，在中止诉讼和作出判决时评价报告仅作为参考。通过对北京、广东和江苏等地的高级人民法院，审理专利侵权纠纷的部分中级人民法院以及相应地区的知识产权局的调研发现，当前专利权评价报告在司法审理和行政执法中，均不作为立案的必要条件，同时对判决结果或调处结果产生的直接影响小，整体使用率不高。

2. 请求主体

根据《专利法》的相关规定，专利权评价报告的请求主体除了专利权人之外，利害关系人仅限于有权单独依法提起专利侵权诉讼或者处理专利侵权纠纷的人，这一规定极大地限制了评价报告的使用范围。截至2013年，仅有6件实用新型专利权评价报告请求是由"利害关系人"提出的，而因请求人主体不合格被驳回的请求却有15件。外观设计专利权评价报告请求由"利害关系人"提出的数量也微乎其微。从调研情况看，实用新型和外观设计专利侵权诉讼的被控侵权人对涉案专利的评价报告有较大需求。这说明目前评价报告的请求主体范围无法满足社会需求，应考虑进一步扩大主体范围。此外，出于市场竞争和产品研发等目的，社会公众希望可以对他人的实用新型或外观设计专利权提出评价报告请求。

3. 请求时机和作出期限

《专利法实施细则》规定，实用新型和外观设计专利申请授权公告后才能提出评价报告请求，其作出期限是自收到请求后两个月内。调研显示，社会公众及司法机关对于缩短评价报告作出期限的需求比较普遍，有部分企业提出希望在外观设计专利申请时就可以同时提出评价报告请求，这样能够节约管理成本，及时判断是否启动侵权诉讼、是否要求财产保全，尽快获得抵押贷款，判断权利是否稳定从而决定是否值得维持缴纳年费等。在授权前就能提出评价报告的请求，有助于保证在获得授权的同时就能收到评价报告。

4. 更正程序和公告程序

调研还显示，部分社会公众由于不了解目前《专利审查指南》规定的更正程序，或者认为更正程序无法满足其陈述意见的需求，希望在专利权评价报告的作出过程中有表达意见的机会，设置意见陈述程序。此外，部分社会公众希望引入评价报告的公告程序。根据统计，2013 年查阅复制数量不足当年作出的专利权评价报告总量的 5%，这主要是因为公众不了解具体的查阅复制程序。

(二) 专利权评价报告完善趋势

1. 赋予侵权案件双方当事人提出评价报告请求的权利

设立专利权评价报告制度的目的之一是在实用新型和外观设计专利侵权纠纷中将此报告作为证据使用，推动争议尽快解决。在司法实践中，因受限于《民事诉讼法》第 119 条的规定，将出具专利权评价报告作为侵权诉讼的起诉条件难以实现。对拒不出具评价报告的当事人难以制定相应的罚则。可见，当前评价报告的法律效力有限，进而造成其在侵权诉讼中使用率不高。

在当前法律框架下，是否提交专利权评价报告基本取决于权利人的意愿。第四次《专利法》修改建议稿中拟增加规定"案件的双方当事人可以主动出具专利权评价报告"，明确双方当事人均可提交评价报告。如专利权人因评价报告结论对其不利而不愿提交，则被控侵权人可以选择主动提交评价报告作为审理专利侵权案件的证据。这样可以有效提高专利权评价报告在侵权诉讼中的使用率，帮助人民法院和专利行政部门对专业性、技术性较强的专利侵权案件作出判断，发挥评价报告定分止争的作用。

2. 优化评价报告的审查周期

《专利法实施细则》规定专利权评价报告的审查周期为自收到请求书之后两个月内。由于专利权评价报告的主要工作在于对专利权的检索和评价，其工作内容与发明实质审查相似。实践中，权利人提交评价报告请求大多是为了解决侵权纠纷或者电商平台备案。评价报告的审查周期对专利权人或利害关系人的利益有一定的影响。因此，要切实满足专利权人或利害关系人尽快拿到评价报告的迫切诉求，应本着"诉讼优先、确保质量、有偿服务"的原则，建立一套兼顾效率和公平的"绿色通道制度"。

"诉讼优先"是指，在众多目的不同的评价报告请求中，可以对已经进入法律诉讼阶段的评价报告请求优先处理。请求人在提出评价报告请求时，或者提出请求后，必须向国家知识产权局提交由受理该诉讼的法院出具的立案通知书。接到立案通知书后，国家知识产权局可启动评价报告的加快程序。

"确保质量"是指，对于加快程序的评价报告除出具速度提升外，检索及评价报告标准和要求不会降低。同时，对于加快请求的评价报告，根据其产品特点检索范围会适当扩展到电子商务营销网络。保证加快的审查资源服务于真正具有创新能力的新设计。

3. 其他方面的修改方向

《专利法实施细则》的修改中还将进一步研究完善专利权评价报告制度的其他修改方向，包括：是否有必要放开请求作出评价报告的时机；是否有必要在评价报告的作出过程中设立意见陈述程序，以便专利权人同审查员进行意见交流；是否有必要明确规定对作出的评价报告进行公告等。

第二部分

外观设计专利权评价报告典型案例

一、不需要进行检索的外观设计专利权评价报告典型案例

一般情况下，在作出外观设计专利权评价报告前，应当针对外观设计专利的图片或照片表示的所有产品的外观设计进行检索，检索时结合考虑简要说明的内容。但是，当外观设计专利保护的外观设计属于下列情形之一的，可以不必对该外观设计专利进行检索，直接以不符合相应条款的规定在外观设计专利权评价报告中给出否定结论。

（1）不符合《专利法》第 2 条第 4 款的规定；

（2）属于《专利法》第 5 条或者第 25 条规定的不授予专利权的情形；

（3）图片或者照片未清楚地显示要求专利保护的产品的外观设计。

值得注意的是，上述不需要进行检索的情形也属于初步审查中的明显实质性缺陷，这也意味着，即使外观设计申请获得专利权，还可能会存在不符合外观设计专利授权条件的情形。

（一）是否满足外观设计的基本定义

根据《专利法》第 2 条第 4 款的规定，外观设计，是指对产品的形状、图案或者其结合以及色彩与形状、图案的结合所作出的富有美感并适于工业应用的新设计。

外观设计是产品的外观设计，其载体应当是产品，任何不能重复生产的手工艺品、农产品、畜产品、自然物都不能作为外观设计的载体。

按照专利法对外观设计的定义，构成外观设计的是产品的外观设计要素或要素的结合，其中包括形状、图案或者其结合以及色彩与形状、图案的结合。因此除非产品色彩变化的本身已形成一种图案，一般情况下产品的色彩不能独立构成外观设

计，不属于专利法中的外观设计保护客体。此外，适于工业应用，要求外观设计能应用于产业上并形成批量生产。富有美感，要求在判断是否属于外观设计专利权的保护客体时，关注的是产品的外观给人的视觉感受，而不是产品的功能特性或者技术效果。以上是外观设计定义对保护客体的基本限定，凡是不满足外观设计定义的情形，均不属于外观设计专利的保护客体，不满足《专利法》第 2 条第 4 款的规定。

除《专利法》第 2 条第 4 款外，《专利审查指南》还规定了不属于外观设计保护客体的十一种情形。

（1）取决于特定地理条件、不能重复再现的固定建筑物、桥梁等。例如，包括特定的山水在内的山水别墅。

（2）因其包含有气体、液体及粉末状等无固定形状的物质而导致其形状、图案、色彩不固定的产品。

（3）产品的不能分割或者不能单独出售且不能单独使用的局部设计，例如袜跟、帽檐、杯把等。

（4）对于由多个不同特定形状或者图案的构件组成的产品，如果构件本身不能单独出售且不能单独使用，则该构件不属于外观设计专利保护的客体。例如，一组由不同形状的插接块组成的拼图玩具，只有将所有插接块共同作为一项外观设计申请时，才属于外观设计专利保护的客体。

（5）不能作用于视觉或者肉眼难以确定，需要借助特定的工具才能分辨其形状、图案、色彩的物品。例如，其图案是在紫外灯照射下才能显现的产品。

（6）要求保护的外观设计不是产品本身常规的形态，例如手帕扎成动物形态的外观设计。

（7）以自然物原有形状、图案、色彩作为主体的设计，通常指两种情形，一种是自然物本身；一种是自然物仿真设计。

（8）纯属美术、书法、摄影范畴的作品。既包括绘画、书法、摄影等作品，也包括以纯属美术范畴的绘画、书法、摄影等作品为基础通过临摹、印刷等方式制作而成的装饰画、工艺画。

（9）仅以在其产品所属领域内司空见惯的几何形状和图案构成的外观设计。常见几何形状包括长方形、正方形、圆形等，应根据产品所属领域综合判断是否属于司空见惯的几何形状和图案。

（10）文字和数字的字音、字义不属于外观设计保护的内容。

（11）游戏界面以及与人机交互无关或者与实现产品功能无关的产品显示装置所显示的图案，例如，电子屏幕壁纸、开关机画面、网站网页的图文排版。

【案例1】

产品名称为"玩具（毛毛鸡）"（见图2-1-1，申请号：201030157342.7，法律状态：未缴年费专利权终止）的专利权评价报告，属于单纯形状的外观设计。经审查，专利权评价报告认为，该外观设计以小鸡的造型为主体，从视图上可以看出，小鸡的形体、羽毛、眼睛以及嘴巴逼真，与日常生活中的小鸡形态十分近似，是对动物小鸡的仿真设计，因此该外观设计的内容属于以自然物原有形状作为主体的设计，属于不给予外观设计专利保护的客体，不符合《专利法》第2条第4款的规定，该外观设计不符合授予专利权的条件。

主视图　　　　　　　　右视图　　　　　　　　后视图

图2-1-1*　被评价专利附图

【案例2】

产品名称为"缘石"（见图2-2-1，申请号：200930237355.2，法律状态：未缴年费专利权终止）的专利权评价报告，属于单纯形状的外观设计。经审查，专利权评价报告认为，该采用长方体造型，截面为正方形，侧面为规则的长方形。在缘石类产品中长方体造型属于常见的几何形状，本外观设计属于仅以产品所属领域内司空见惯的几何形状构成的外观设计，属于不给予外观设计专利保护的客体，不符合《专利法》第2条第4款的规定，该外观设计不符合授予专利权的条件。

主视图　　　　　　　　右视图　　　　　　　　立体图

图2-2-1　被评价专利附图

---

*　本书的图序按照案例编号。——编者注。

属于外观设计保护客体的定义，是一项外观设计符合外观设计专利授权条件的最基本要求，对于不属于外观设计专利保护客体的已授权专利，无须进行检索，可直接依据《专利法》第2条第4款的规定，在专利权评价报告中给出否定结论。

（二）是否属于主要起标识作用的平面印刷品

根据《专利法》第25条第1款第6项规定，对平面印刷品的图案、色彩或者二者的结合作出的主要起标识作用的设计，不授予专利权。如果一件外观设计专利申请同时满足下列三个条件，则认为所述申请属于《专利法》第25条第1款第6项规定的不授予专利权的情形。

（1）使用外观设计的产品属于平面印刷品；

（2）该外观设计是针对图案、色彩或者二者的结合而作出的；

（3）该外观设计主要起标识作用。

在判断评价报告中的外观设计专利是否属于主要起标识作用的平面印刷品时，首先，根据申请的图片或者照片以及简要说明，判断使用外观设计的产品是否属于平面印刷品。其次，判断所述外观设计是否是针对图案、色彩或者二者的结合而作出的。由于不考虑形状要素，所以任何平面印刷品的外观设计均可认为是针对图案、色彩或者二者的结合而作出的。最后，判断所述外观设计对于所使用的产品来说是否主要起标识作用。主要起标识作用是指所述外观设计的主要用途在于使公众识别所涉及的产品、服务的来源等。判断步骤相辅相成，只有同时满足上述三个条件的被评价专利外观设计才属于此种情形。

一旦被评价外观设计专利确认属于主要起标识作用的平面印刷品，则无需进行检索，可以直接依据《专利法》第25条第1款第6项的规定，在专利权评价报告中给出否定结论。

【案例3】

产品名称为"标贴（Paraquat）"（见图2-3-1，申请号：201130358886.4，法律状态：专利权维持）的专利权评价报告，属于针对图案和色彩的结合而作出的平面外观设计，且组成外观设计的图案主要由商标、图形标识和多行英文字母简单排列组成，主要用途在于使公众识别所涉及的产品的来源。使用该外观设计的产品属于平面类印刷品，该外观设计是针对图案和色彩的结合而作出的，且主要起标识作用，因此，本外观设计不符合《专利法》第25条第1款第6项的规定。

图 2 – 3 – 1　被评价专利附图

（三）是否违反法律、社会公德或妨害公共利益

根据《专利法》第 5 条第 1 款的规定，对违反法律、社会公德或者妨害公共利益的发明创造，不授予专利权。在专利权评价报告的判断过程中，应对被评价专利的外观设计是否明显违反法律、违反社会公德、妨害公共利益三个方面进行判断。

1. 违反法律

违反法律，是指外观设计专利申请的内容违反了由全国人民代表大会或者全国人民代表大会常务委员会依照立法程序制定和颁布的法律。

例如，带有中华人民共和国人民币图案的床单的外观设计，因违反《中国人民银行法》，不符合授予专利权条件。

2. 违反社会公德

社会公德，是指公众普遍认为是正当的，并被接受的伦理道德观念和行为准则。

社会公德的内涵基于一定的文化背景，随着时间的推移和社会的进步不断地发生变化，而且因地域不同而各异。我国专利法中所称的社会公德限于我国境内。例如，带有暴力、凶杀内容的外观设计不符合授予专利权条件；明显带有人体器官特征的成人性用品或者带有淫秽内容的外观设计，违反社会公德，不能授予专利权。

3. 妨害公共利益

妨害公共利益，是指外观设计的实施或使用会给公众或社会造成危害，或者会使国家和社会的正常秩序受到影响。

若被评价专利外观设计的文字或者图案涉及国家重大政治事件、经济事件、文化事件，或者宣扬封建迷信，或者涉及宗教信仰，以致妨害公共利益的、伤害人民感情或民族感情的、造成不良政治影响的，不符合授予专利权条件。例如，以著名建筑物（如天安门）以及领袖肖像等为内容的外观设计不符合授予专利权条件；以中国国旗、中国国徽作为图案内容的外观设计，不符合授予专利权条件。

对于我国重要的活动事件，例如奥运会、世博会等，涉及奥林匹克标志或吉祥物形象、世博会标志等的外观设计，无论其设计内容与官方内容相同还是相似，若不能提供相关的证明许可，均属于因涉及国家重大文化事件而妨害公共利益的情形，不能授予专利权。

【案例4】

产品名称为"纪念品（中华神雕）"（见图2-4-1，申请号：201430452895.3，法律状态：专利权维持）的专利权评价报告，外观设计主要分为两部分，下方的底座以及上部的人物雕像，人物雕像是以毛主席头像为主体的设计。经审查认为，产品的主体部分是以毛主席的形象所作出的雕像的设计，属于以领袖肖像为设计内容的外观设计，妨害了公共利益。因此，本外观设计不符合《专利法》第5条第1款的规定，该外观设计不符合授予专利权的规定。

主视图　　　　　　　　左视图　　　　　　　　立体图

图2-4-1　被评价专利附图

【案例5】

产品名称为"马甲"（见图2-5-1，申请号：201630554749.0，法律状态：等年费滞纳金）的专利权评价报告，产品为马甲服装，右侧上部有中国的五星红旗。经审查认为，产品的外观设计带有中国国旗图案，即使国旗图案并非本外观设计的全部，仅属于部分设计要素，仍会给社会公共利益带来损害，不符合《专利法》第5条第1款的规定，不能授予专利权。

主视图

立体图

图 2 – 5 – 1　被评价专利附图

在评价报告判断过程中，只要被评价专利属于违反法律、社会公德或妨害公共利益的情形，则无须进行检索，直接可以依据《专利法》第 5 条第 1 款的规定，在专利权评价报告中给出否定结论。

（四）是否清楚地显示要求专利保护的产品的外观设计

《专利法》第 59 条第 2 款规定，外观设计专利权的保护范围以表示在图片或者照片中的该产品的外观设计为准，简要说明可以用于解释图片或者照片所表示的该产品的外观设计。《专利法》第 27 条第 2 款的规定，申请人提交的有关图片或者照片应当清楚地显示要求专利保护的产品的外观设计。

"清楚显示"是外观设计专利授权的基础，在作出专利权评价报告时，只有被评价专利外观设计图片或者照片清楚地显示了产品的外观设计，才有进行外观设计检索的可能性、进一步评价是否符合授权条件的必要性。

就立体产品的外观设计而言，产品涉及六个面，一般提交六面正投影视图和立体图就可以清楚表达产品的外观设计。就平面产品的外观设计而言，多数可以提交正反两面的正投影视图，对要求保护的外观设计加以清楚表达。这属于外观设计产品视图提交的基本要求。

事实上，对于部分特殊结构的产品，即使立体产品提交了六面视图和立体图，或者平面产品提交了两面正投影视图，也不足以清楚表达产品的具体结构，不符合清楚表达的基本要求，必要时还要借助展开图、剖视图、剖面图、放大图以及变化状态图等视图，才能够将具体的产品外观设计表达清楚。

例如：下述"汽车杯直饮单跳杯盖"的案例（见图 2 – 0 – 1），虽然提交了六面正投影视图，满足视图数量的基本要求，但是对于产品杯盖顶面的形态仅能从俯视图看出存在中心圆形的结构和边缘半圆的结构，具体两部分结构是凸起还是凹陷，具体立体结构如何，都没有清楚表达。

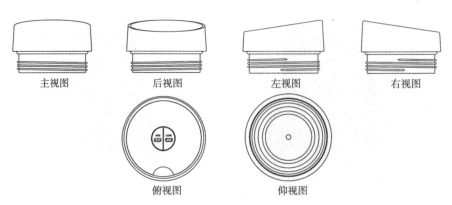

图 2 - 0 - 1* 汽车杯直饮单跳杯盖附图

从上述案例可以看出，视图数量满足有时并不代表能够清楚表达要求保护的外观设计产品。因此，对图片或者照片是否清楚的判断，需要从多个方面整体判断、综合考量，包括视图数量、视图绘制、照片视图的拍摄、渲染视图的表达以及整体申请文件的一致性等因素。

【案例6】

产品名称为"上衣"（见图 2 - 6 - 1，申请号：201430341555.3，法律状态：未缴年费终止失效）的专利权评价报告，结合简要说明判断，本被评价专利属于形状和图案相结合的长袖上衣的外观设计。经审查认为，由于视图模糊，从视图中仅能看出衣服的外轮廓形状，衣领、衣身和袖子表面的设计，如衣襟的具体设计，是否有纽扣、衣袋等都未能清楚地显示。本专利未请求保护色彩，简要说明第 3 条记载"本外观设计的设计要点：衣服的整体形状、图案及其二者的结合"，但视图既没有清楚表达出衣服具体款式的设计，也未清楚表达出具体图案的设计。上述缺陷导致授权公告的视图无法清楚显示要求专利保护的产品的外观设计。因此，本被评价专利不符合《专利法》第 27 条第 2 款的规定。

主视图

后视图

图 2 - 6 - 1 被评价专利附图

---

* 本书的图序按照案例编号。如果图并非是对应案例，图序的第二个数字为"0"。——编辑注。

【案例7】

产品名称为"带动态图形用户界面的便携式移动终端"（见图 2 - 7 - 1，申请号：201630357110.3，法律状态：专利权维持）的专利权评价报告，主视图和界面变化状态图 1~4 中的图形用户界面主要由数字 1、2、3 和多个空白矩形等组成，这些空白区内既没有图标，也没有文字等设计内容，且简要说明中没有对上述空白区进行说明。从界面使用状态参考图 1~5 可以看出，本专利的图形用户界面上部矩形内有两排文字，之下的数字外边均有圆形且数字 1 下边的矩形内有两个图标，最下部区域中也有多排文字和图标等内容。经审查认为，本被评价专利的图形用户界面设计缺少与其相对应的图案和文字等内容。因此，被评价专利的图形用户界面缺少必要的设计要素，存在设计内容表达不清楚的缺陷，没有清楚表达图形用户界面的外观设计，不符合《专利法》第 27 条第 2 款的规定。

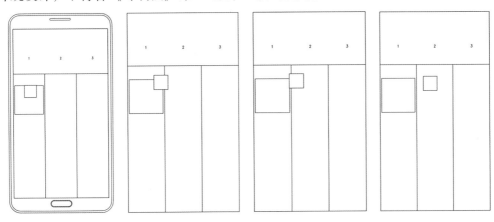

主视图　　　　界面变化状态图 1　　　　界面变化状态图 2　　　　界面变化状态图 3

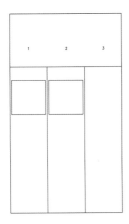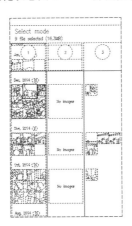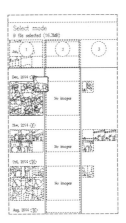

界面变化状态图 4　　　　界面使用状态参考图 1　　　　界面使用状态参考图 2

图 2 - 7 - 1　被评价专利附图

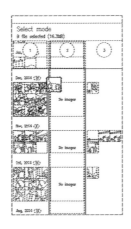
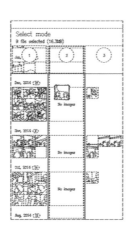
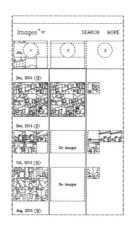

界面使用状态参考图3　　　　界面使用状态参考图4　　　　界面使用状态参考图5

图 2 - 7 - 1　被评价专利附图（续）

二、需要进行检索的外观设计专利权评价报告典型案例

（一）外观设计对比判断的主体和客体

1. 判断主体

在判断外观设计是否符合《专利法》第 23 条第 1 款、第 2 款规定时，应当基于涉案专利产品的一般消费者的知识水平和认知能力进行评价。不同种类的产品具有不同的消费者群体。根据《专利审查指南》第四部分第五章第 4 节的规定，作为某种类外观设计产品的一般消费者应当具备以下特点。

（1）对涉案专利申请日之前相同种类或者相近种类产品的外观设计及其常用设计手法具有常识性的了解。例如，对于汽车，其一般消费者应当对市场上销售的汽车以及诸如大众媒体中常见的汽车广告中所披露的信息等有所了解。

常用设计手法包括设计的转用、拼合、替换等类型。

（2）对外观设计产品之间在形状、图案以及色彩上的区别具有一定的分辨力，但不会注意到产品的形状、图案以及色彩的微小变化。

确定判断主体的身份，即谁是涉案专利与对比外观设计所涉及产品的一般消费者，在外观设计的对比判断中非常重要。一般消费者不是一个真实的人，而是一个虚拟的法律主体，因此并不是能够履行实际购买行为的人都必然是一般消费者，而是要求其具备相当的知识水平和认知能力。上述第（1）点是指从知识水平上来说，一般消费者应当对与涉案专利相同或相近种类的现有设计具有一定的熟识程度，在一定程度上了解产品的用途、现有设计状况、设计特点以及常用的设计手法，但是其不具备设计的能力；上述第（2）点是指从认知能力上来说，其对外观设计之间的相同点和不同点具备一般性的观察能力和分辨能力，其不会注意到所有外观设计细节上的微小变化。受产品的外观特点、设计部位等因素的影响，产品的设计特点对一般消费者而言，既有容易引起特别注意力的部分，也有会被忽略或视而不见的部分。这就意味着外观设计之间的相同点和不同点会使一般消费者对两项外观设计整体视觉效果差异性的判断产生不同权重的影响。

【案例8】

在产品名称为"笔记本散热器"（申请号：201630436575.8，法律状态：维持）的专利权评价报告中，被评价专利为一款带有翻折支架的平板式散热器（见图2-8-1），产品表面为网孔状，透过网孔隐约可见其内置有六组方形散热扇。对比设计也为一款带有翻折支架的平板式散热器（见图2-8-2），其表面也为网孔状，透过网孔隐约可见其内置有两组圆形散热扇。经审查认为，被评价专利与对比设计的面板形状基本相近，均为圆角长方形，从支撑状态图可以看出，两者支撑架的设计基本相同。区别点主要在于：一是面板表面下方的两个防滑挡板的设计不同；二是透过网孔可见的内置散热扇的设计不同。

散热扇内置于网孔式面板下方，其对整体视觉效果的影响程度如何判断，需要考虑笔记本散热器的一般消费者的知识水平和认知能力。对一般消费者而言，购买该类产品的主要目的是用于笔记本散热，因此散热部件对于本产品而言是非常重要的设计部件，即使散热部件没有直接裸露在产品表面，但是通过网孔仍然可以直接观察到，对于笔记本散热器产品的一般消费者而言，六组方形散热扇与两组圆形散热扇的区别点能明显地分辨出来，而且该区别位于产品的正面，属于视觉瞩目面，因此会对整体视觉效果产生显著的影响。再结合涉案专利与对比设计在防滑挡板设计上的区别点，经整体观察、综合判断，两者具有明显区别。

主视图　　　　　　　　后视图　　　　　　　　支撑状态图

图2-8-1　被评价专利附图

主视图   后视图   支撑状态图

图 2 - 8 - 2 对比设计附图

2. 判断客体

2.1 确定判断客体保护范围

在进行外观设计专利权评价报告时，进行比较的对象被称为判断客体。在确定判断客体保护范围时，除应当根据外观设计专利的图片或者照片进行确定外，还应当根据简要说明中说明的内容加以确定。一般而言，被评价专利的形状、图案和色彩要素是确定客体对比的基础。对比设计的图片或者照片未反映产品各面视图的，应当依据一般消费者的认识能力来确定对比设计所公开的信息。

【案例 9】

在产品名称为"音乐盒（大号旋转木马 8）"（申请号：201630433910.9，法律状态：维持）的专利权评价报告中，被评价专利为三匹马所组成的旋转木马造型（见图 2 - 9 - 1），简要说明请求保护色彩，属于形状、图案和色彩相结合的外观设计，在对比时应从三要素分别加以判断。被评价专利要求保护色彩，但其色彩深浅变化未构成图案效果。经对比发现，被评价专利和对比设计（见图 2 - 9 - 2）的形状和图案完全相同，区别点主要在于色彩不同，被评价专利为米色系，而对比设计为粉色系。两者的区别点属于单一色彩的外观设计仅作色彩改变，两者属于实质相同的外观设计。

图 2 - 9 - 1 被评价专利附图   图 2 - 9 - 2 对比设计附图

此外，若被评价专利产品存在透明部位，可以观察到产品内部的结构时，应当考虑将可视的产品结构作为产品外观设计的一部分，纳入保护范围加以判断。

【案例10】

在产品名称为"茶壶（Z）"（申请号：201630554703.9，法律状态：专利权维持）的专利权评价报告中，被评价专利（见图2-10-1）为包括组件1、组件2和组件3的组件产品。对于茶壶产品，茶壶、茶盖和茶滤器属于组合使用且组装关系唯一的产品，本案除了分别提交了各组件的视图，还提交了组合后的产品六面视图。对于组装关系唯一的组件产品，在进行外观设计比对时，应当以组合状态下的整体外观设计为对象，而不是以所有单个构件的外观为对象进行判断。比较图2-10-1组合状态六面视图和图2-10-2中产品六面视图中所示的茶壶的外观设计，两者在结构组成、整体形状、各部位比例关系以及局部结构形状等设计均相同，区别点仅在于壶嘴侧面弯曲弧度、表面标志图案等施以一般注意力不能察觉的局部细微变化，两者实质相同，属于同样的外观设计。

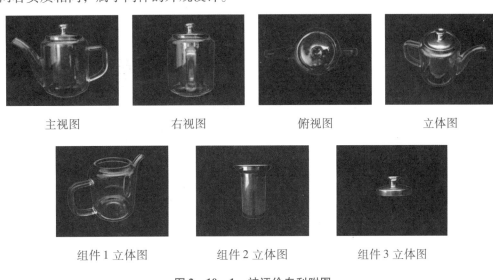

主视图　　　　右视图　　　　俯视图　　　　立体图

组件1立体图　　　组件2立体图　　　组件3立体图

图2-10-1　被评价专利附图

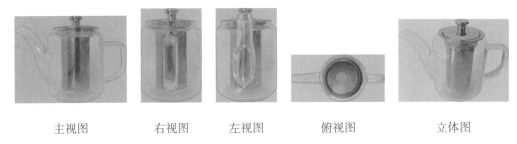

主视图　　　右视图　　　左视图　　　俯视图　　　立体图

图2-10-2　对比设计附图

应当明确的是，若被评价专利属于组装关系不唯一的组件产品时，例如拼插玩具等，在购买和插接这类产品的过程中，一般消费者会对单个构件的外观留下印象，所以，应当以拼插组件的所有单个构件的外观为对象，而不是以插接后的整体的外观设计为对象作为判断客体的保护范围。对于各构件之间没有组装关系的组件产品，也应当以所有单个构件的外观为对象进行判断。

【案例11】

在产品名称为"磁性积木玩具（拼拼够乐思基本套装）"（申请号：201430234549.8，法律状态：专利权维持）的专利权评价报告中，被评价专利（见图2－11－1）为包括组件1、组件2、组件3、组件4和组件5，属于组装关系不唯一的组件产品，在进行判断客体保护范围的确定时，应当以拼插组件的所有单个构件的外观为对象，而不是以插接后的整体的外观设计为对象作为判断客体的保护范围。经审查，将被评价专利的5种组件分别与对比设计（见图2－11－2）相应的单个组件对比发现，两者存在显著差异，因此未发现导致被评价专利不符合《专利法》第23条第1款、第2款规定的对比设计。

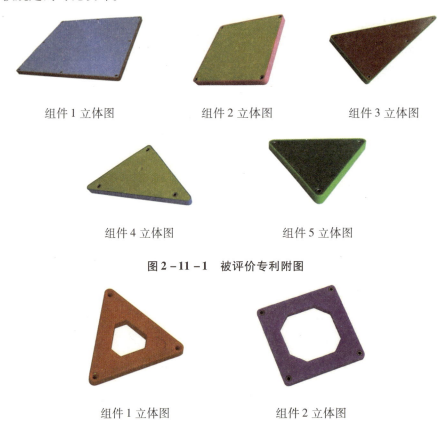

组件1立体图　　　　组件2立体图　　　　组件3立体图

组件4立体图　　　　组件5立体图

图2－11－1　被评价专利附图

组件1立体图　　　　组件2立体图

图2－11－2　对比设计附图

变化状态产品，是指在销售和使用时呈现不同状态的产品。对于对比设计而言，所述产品在不同状态下的外观设计均可用作与涉案专利进行比较的对象。对于涉案专利而言，应当以其使用状态所示的外观设计作为与对比设计进行比较的对象，其判断结论取决于对产品各种使用状态的外观设计的综合考虑。

【案例12】

在产品名称为"玩具（蛋蛋小子酷玩变形系列——莱迪）"（申请号：201630160197.5，法律状态：失效）的专利权评价报告中，被评价专利（见图2-12-1）为具有变化状态的产品。在进行判断客体保护范围的确定时，应当以各种变化状态所示的外观设计综合考虑。经审查，对比设计不具备被评价专利（见图2-12-2）的各种变化状态，且整体外形与被评价专利相差较大，因此被评价专利与对比设计之间具有明显区别。

立体图　　　　变化状态主视图　　　　变化状态后视图　　　　变化状态立体图

图2-12-1　被评价专利附图

图2-12-2　对比设计附图

【案例13】

在产品名称为"茶几套件（变形茶几）"（申请号：201530533929.6，法律状态：维持）的专利权评价报告中，被评价专利（见图2-13-1）为包括套件1和套件2的成套产品。在进行判断客体保护范围的确定时，应当以每个套件的外观设计分别为对象进行判断。经审查被评价专利套件 2 与对比设计 1（见图 2 - 13 - 2）相似，区别点仅在于侧面格子凸起的弧度和底部一行格子的大小，属于局部细微变化，认定被评价专利套件 2 与对比设计 1 相比不具有明显区别，不符合《专利法》第 23 条第 2 款的规定。

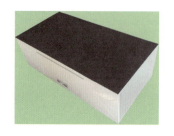
套件 1 立体图

套件 2 立体图

使用状态参考图 1

使用状态参考图 2

使用状态参考图 3

图 2 - 13 - 1　被评价专利附图

对比设计 1 立体图

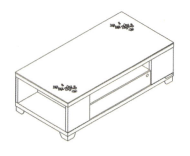
对比设计 2 立体图

图 2 - 13 - 2　对比设计附图

2.2　确定判断客体产品种类

在确定产品的种类时，可以参考产品的名称、国际外观设计分类以及产品销售时的货架分类位置，但是应当以产品的用途是否相同为准。相同种类产品是指用途完全相同的产品。例如，机械表和电子表尽管内部结构不同，但是它们的用途是相同的，所以属于相同种类的产品。相近种类的产品是指用途相近的产品。

例如，玩具和小摆设的用途是相近的，两者属于相近种类的产品。应当注意的是，当产品具有多种用途时，如果其中部分用途相同，尽管其他用途不同，二者属于相近种类的产品。如带 MP3 的手表与手表都具有计时的用途，二者属于相近种类的产品。

确定产品种类是对专利权进行评价的一个重要环节，其作用主要体现为以下三个方面。

（1）确定检索领域的依据。

专利权评价报告的检索范围包括数据库范围、时间范围和产品领域，其中的产品领域一般由产品的种类确定，只有明确产品的具体种类，才能以此为基础确定相同或者相近的产品类别，限定检索的产品领域范围。

（2）外观设计相同或者实质相同、明显区别的判断前提。

外观设计相同，是指被评价专利与对比设计是相同种类产品的外观设计，并且被评价专利的全部外观设计要素与对比设计的相应设计要素相同。如果产品的种类不相同，则不能认定被评价专利与对比设计为相同的外观设计。例如，汽车和玩具汽车的设计即使完全相同，二者也不是相同的外观设计，因为二者的种类不同。同样，外观设计实质相同和不具有明显区别的判断仅限于相同或者相近种类的产品外观设计。对于产品种类不相同也不相近的外观设计，不再进行涉案专利与对比设计是否实质相同、明显区别的比较和判断，即可认定被评价专利与对比设计不构成实质相同或者具有明显区别。例如，毛巾和地毯的外观设计。

（3）限定现有设计中存在启示的适用范围。

在判断被评价专利是否可以由现有设计通过转用和组合之后得到时，应考虑该具体的组合手法在相同或者相近种类产品的现有设计中是否存在启示。因此，产品的种类决定了启示可能存在的范围。

【案例14】

在产品名称为"储物凳"（申请号：201230616618.2，法律状态：维持）的专利权评价报告中，被评价专利（见图 2 - 14 - 1）作为凳子的用途对应国际外观设计分类的 06 - 01 小类（座椅）；作为储物的用途对应 06 - 04 小类（存放物品用家具）。因此，专利权评价报告在确定检索领域时，在 06 - 01 小类（家具和家居用品）的基础上进行了扩展，既考虑了被评价专利所属的 06 - 01 小类，也考虑了与其相近的 06 - 04 小类以及 06 - 05 小类（组合家具）。经过检索，最终选定的对比设计（见图 2 - 14 - 2，申请号：201130293702.0）的产品名称为"收纳箱（22）"，国际外观设计分类号对应 06 - 04 小类，其在储物的方面与被评价专利部分用途相同，二者属于相近种类的产品，进而可以进行外观设计的比对，并最终得出二者不具有明显区别的结论。

图 2 - 14 - 1　被评价专利附图　　　　　图 2 - 14 - 2　对比设计附图

【案例 15】

在产品名称为"垂直绿化多口袋种植袋（12 口袋）"（申请号：201430306406.3，法律状态：维持）的专利权评价报告中，被评价专利（见图 2 - 15 - 1）的用途为用于植物种植，对应国际外观设计分类的 11 - 02 小类（小装饰品，桌子、壁炉台和墙的装饰物，花瓶和花盆）。产品正面紧密分布 4 排 3 列矩形口袋，主体布面左上角和右上角均有用于悬挂的布袋。在确定专利权评价报告的检索领域时，综合考量了被评价专利的产品名称、用途和视图反映的上述设计特征，分别在 03 - 01 小类、09 - 05 小类和 07 - 07 小类进行了扩展检索，最终选取的相关对比设计文件除 11 - 02 类外，还涉及下表 2 - 1 的多个类别。

根据产品的用途在确定主要检索领域的基础上，还要适当扩展检索的范围，以确定现有设计中是否存在设计特征启示的领域。

图 2 - 15 - 1　被评价专利附图

表 2 - 1　扩展的对比文件列表

编号	名称	类别	附图
对比设计3	吊植木钵	09 - 03；11 - 02	
对比设计6	种植袋	09 - 05	
对比设计9	插物袋	07 - 07	
对比设计10	桌边袋（2）	03 - 01	

（二）抵触申请

根据《专利法》第 23 条第 1 款的规定，授予专利权的外观设计，应当不属于现有设计；也没有任何单位或者个人就同样的外观设计在申请日以前向国务院专利行政部门提出过申请，并记载在申请日以后公告的专利文件中。

在涉案专利申请日以前任何单位或者个人向国务院专利行政部门提出并且在申请日以后（含申请日）公告的同样的外观设计专利申请，称为抵触申请。

在外观设计专利权评价报告中，判断是否存在与被评价专利构成抵触申请的对比设计时，应当注意以下几点。

（1）对比设计必须同样是一项在我国被授权公告的外观设计专利。抵触申请是两项外观设计专利之间的对比，因此对比设计应当提出过专利申请并授权公告，不是在我国国务院专利行政部门提出的专利申请以及非专利文献中的现有设计均不能构成被评价专利的抵触申请。

（2）对能否构成抵触申请的在先申请人身份没有限制，提出抵触申请的任何单位或个人，既包括他人，也包括被评价专利的专利权人本人。

（3）判断是否构成抵触申请的关键在于对比设计的申请日是否在先，在被评价专利的申请日当日公告或者申请日之后的任何时间公告的专利申请，都符合构成抵触申请的时间要件。

判断对比设计是否构成被评价专利的抵触申请时，应当以对比设计所公告的专利文件全部内容为判断依据，也就是说，可以将对比设计公告的专利文件中的全部或相应设计特征或设计要素与被评价专利进行比较。比如，被评价专利请求保护色彩，对比设计所公告的为带有色彩的外观设计，即使对比设计未请求保护色彩，也可以将对比设计中包含有该色彩要素的外观设计与被评价专利进行比较；再如，对比设计所公告的专利文件含有使用状态参考图，即使该使用状态参考图中包含有不要求保护的外观设计，也可以将其与被评价专利进行比较，判断是否为相同或者实质相同的外观设计；又如，被评价专利为产品的零部件，对比设计所公告的专利为产品的整体设计，可以将对比设计中的相应设计部位与被评价专利进行比较。如在产品名称为"靠背"（申请号：201630144555.3，法律状态：专利权维持）的专利权评价报告中，被评价专利为座椅靠背（见图2-0-2），专利权评价报告中引用的对比设计为座椅（见图2-0-3），将对比设计公开的整体座椅中的靠背部分与被评价专利进行比较，认为两者构成同样的外观设计，因此对比设计构成被评价专利的抵触申请。

主视图　　　　　　　后视图　　　　　　　立体图

图2-0-2　被评价专利附图

主视图　　　　　　　　后视图　　　　　　　　立体图

图 2 - 0 - 3　对比设计附图

构成抵触申请的两项设计应为同样的外观设计，即外观设计相同或实质相同。

（三）同样的发明创造

根据《专利法》第 9 条第 1 款的规定，同样的发明创造只能授予一项专利权。

在外观设计专利权评价报告中，判断是否存在与被评价专利构成同样的发明创造的对比设计时，应当注意以下几点。

（1）对比设计必须同样是一项外观设计专利。实用新型专利和发明专利不能与外观设计专利构成同样的发明创造。

（2）对是否构成同样的发明创造的两项专利的专利权人身份没有限制，可以为相同的专利权人，也可以为不同的专利权人。

（3）当对比设计的申请日在先时，一般优先适用《专利法》第 23 条进行审查；当对比设计与被评价专利的申请日相同时，适用《专利法》第 9 条进行审查。

在判断两项专利是否构成同样的发明创造时，应当将被评价专利与对比设计整体要求的保护范围进行对比，而不能与对比设计中公开的部分设计要素或设计特征进行比较。这是其与抵触申请判断时的区别点所在。比如，被评价专利为由形状和色彩相结合构成的设计，而另一项同日申请的对比设计为由形状、图案和色彩三要素相结合而构成的设计，则在对比时，不能仅将对比设计的形状和色彩与被评价专利进行对比，而是应当将对比设计包括图案在内的所有设计要素与被评价专利进行对比，判断两者是否构成相同或者实质相同的外观设计；再如，被评价专利为产品的零部件，对比设计所公告的专利为产品的整体设计，也应当将被评价专利与对比设计整体进行对比。

对于外观设计而言，同样的发明创造是指要求保护的产品外观设计相同或者实质相同。

【案例16】

在产品名称为"隧道灯"（申请号：201030219796.2，法律状态：维持，但无效决定已宣布无效，证据与评价报告一致）的专利权评价报告中，被评价专利（见图2-16-1）和对比设计（见图2-16-2）为同一专利权人同日提交的两项外观设计。两者的区别点仅在于灯壳后部的电源盒表面的结构不同，被评价专利的电源盒表面平滑，而对比设计的电源盒表面有若干条平行分布的纵条形凸起。由于电源盒位于灯具的后端，因此两者在电源盒后端的区别点属于使用时不容易看到的部位，且该后部的设计也未能产生引人注目的视觉效果。因此，被评价专利与对比设计属于实质相同的外观设计。由于被评价专利与对比设计的申请人和申请日均相同，二者为同一申请人同日就同样的外观设计向专利局提交的专利申请，因此，被评价专利不符合《专利法》第9条第1款的规定。

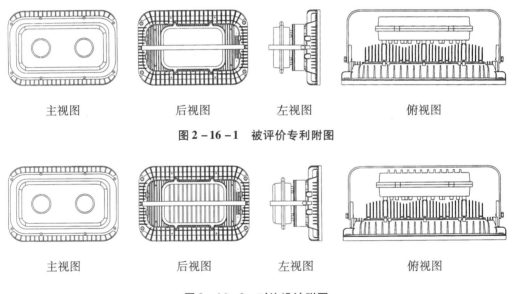

| 主视图 | 后视图 | 左视图 | 俯视图 |

图2-16-1　被评价专利附图

| 主视图 | 后视图 | 左视图 | 俯视图 |

图2-16-2　对比设计附图

【案例17】

在产品名称为"腿部控制结构"（申请号：201530136805.4，法律状态：专利权维持）的专利权评价报告中，被评价专利为一款平衡车的腿部控制结构（见图2-17-1）。同一专利权人于相同申请日还申请了一款平衡车的整车设计（见图2-17-2）。虽然对比设计中包含了被评价专利的腿部控制结构，但是要求专利保护的是平衡车的整车设计，与被评价专利所保护的其中一部分腿部控制结构相比，其还有平衡车车轮的设计，两者的外观设计明显不同，因此被评价专利与对比设计不构成同样的发明创造。

图 2 – 17 – 1 被评价专利附图　　　　　图 2 – 17 – 2 对比设计附图

【案例18】

在产品名称为"手表（五十六）"（申请号：201730269821.X，法律状态：专利权维持）的专利权评价报告中，被评价专利为手表（见图 2 – 18 – 1）。同一专利权人还申请了另一款手表（见图 2 – 18 – 2），两者的申请日和公告日均相同。被评价专利与对比设计的表盘的整体形状、表盘表面的数字设计均相同，区别点仅在于被评价专利的表盘外圈有一圈等距分布的装饰钻，而对比设计则没有。由于装饰钻的设计在产品的正面，有无装饰钻会使两款产品产生不同的视觉效果，所以被评价专利与对比设计既不相同，也不属于实质相同，不构成同样的发明创造。

图 2 – 18 – 1 被评价专利附图　　　　　图 2 – 18 – 2 对比设计附图

（四）判断基准

1. 外观设计相同的判断

外观设计相同，是指被评价专利与对比设计是相同种类产品的外观设计，并且被评价专利的全部外观设计要素与对比设计的相应设计要素相同，其中外观设计要素是指形状、图案以及色彩。

但是，如果被评价专利与对比设计仅属于常用材料的替换，或者仅存在产品功能、内部结构、技术性能或者尺寸的不同，而未导致产品外观设计的变化，二者仍属于相同的外观设计。常用材料指日常生活中经常使用的产品材质，没有独特的视觉效果，不会由于材料的替换而使产品的设计要素发生变化。产品功能、内部结构或技术性能往往属于产品内在的改良，不会导致产品外在体现的外观设计的变化。产品尺寸大小的不同，所涉及的外观设计的形状、图案、色彩三要素未发生变化。因此，上述情况都属于相同的外观设计。

外观设计相同的判断，严格要求被评价专利与对比设计是相同种类的产品，若产品种类不同，即使外观完全相同，也不可以认为属于外观设计相同。

《专利法》第9条或《专利法》第23条第1款都涉及对外观设计是否相同的对比，但《专利法》第9条一般适用于外观设计申请同日提交的情形，而《专利法》第23条第1款主要适用于现有设计或者抵触申请的情形。

【案例19】

在产品名称为"电动滑板车踏板（012）"（申请号：201630037942.7，法律状态：专利权维持）的专利权评价报告中，被评价专利（见图2-19-1）和对比设计（见图2-19-2）为不同专利权人不同申请日提交的两项外观设计，用途相同，属于相同种类产品的外观设计，被评价专利与对比设计的整体形状构造完全相同，属于相同的外观设计。

由于对比设计是在被评价专利申请日以前向国务院专利行政部门提出申请，并记载在被评价专利申请日以后公告的专利文件，因此，对比设计构成被评价专利的抵触申请，被评价专利不符合《专利法》第23条第1款的规定。

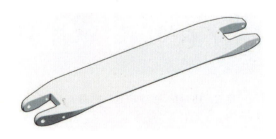

立体图   立体图

图2-19-1 被评价专利附图   **图2-19-2 对比设计附图**

【案例20】

在产品名称为"气动双隔膜泵（80 塑料）"（申请号：201130105426.0，法律状态：维持）的专利权评价报告中，被评价专利（见图2－20－1）和对比设计（见图2－20－2）为同一专利权人同一申请日提交的两项外观设计，用途相同，属于相同种类产品的外观设计，被评价专利与对比设计的整体形状和布局均相同，且中间腔体的形状、侧面圆盘的形状、各连接部位的形状、进料口的形状以及下方底座的形状均相同。两者的区别点仅在于：被评价专利主体部分为塑料材质，而对比设计为铝合金。被评价专利与对比设计的区别点仅属于常用材料的替换，二者属于相同的外观设计。

由于被评价专利与对比设计的申请人和申请日均相同，二者为同一申请人同日就同样的外观设计向专利局提交的专利申请，因此，被评价专利不符合《专利法》第9条第1款的规定。

主视图　　　　　　　　左视图　　　　　　　　立体图

图2－20－1　被评价专利附图

主视图　　　　　　　　左视图　　　　　　　　立体图

图2－20－2　对比设计附图

2. 外观设计实质相同的判断

根据《专利法》第9条的规定，同样的发明创造只能授予一项专利权。两个以上的申请人分别就同样的发明创造申请专利的，专利权授予最先申请的人。

根据《专利法》第23条第1款的规定，授予专利权的外观设计，应当不属于现有设计；也没有任何单位或者个人就同样的外观设计在申请日以前向国务院专利行政部门提出过申请，并记载在申请日以后公告的专利文件中。

《专利法》所称现有设计，是指申请日以前在国内外为公众所知的设计。不属于现有设计，是指在现有设计中，既没有与涉案专利相同的外观设计，也没有与涉案专利实质相同的外观设计。

在外观设计专利权评价报告中，判断是否存在与被评价专利构成实质相同的对比设计时，会涉及《专利法》第9条或者第23条第1款的审查。与对比设计构成实质相同的被评价专利一般仅是对对比设计进行微小的改动、对一般消费者使用时不容易看到或者看不到的部位的修改或者采用众所周知的方法设计出来的产品，被评价专利与对比设计的相似度很高，与对比设计相比仅有局部细小区别，不容易引起一般消费者的关注，属于明显不应当被授予专利权的外观设计。

被评价专利与对比设计构成实质相同，应当符合两个要求。一是仅限于相同或者相近种类产品的外观设计之间的判断。对于产品种类不相同也不相近的外观设计，不进行被评价专利与对比设计是否实质相同的比较和判断，即可认定被评价专利与对比设计不构成实质相同。二是被评价专利与对比设计的设计要素有所区别，但区别仅限于施以一般注意力不能察觉到的局部的细微差异、使用时不容易看到或者看不到的部位（特殊视觉效果的除外）、惯常设计的替换、设计单元重复排列或排列数量增减、互为镜像对称、单一色彩的改变这六种情形。如果在一件评价报告中存在前述六种情形任意一种或一种以上的情形，都可以认为被评价专利与对比设计实质相同。

由于实质相同的判断严格限制在前述六种情形中，所以就两项外观设计的比较而言，其允许的区别点的显著性比外观设计相同情形的略高，但相比不具有明显区别的情形而言，区别的显著性要更低小，如果被评价专利与对比设计的相近似程度超过上述六种情形的，那么就需要用《专利法》第23条第2款的标准来判断。

2.1 施以一般注意力不能察觉到的局部的细微差异

其区别在于施以一般注意力不能察觉到的局部的细微差异这种情形在专利权评价报告实质相同的判断中属于比较常见的情形。"不能察觉"不是完全看不到，一般来说，这里的"不能察觉"指的是虽然存在细微差异，但是由于其在产品整体设计中所占比例很小或属于非常简单、很容易想到的设计变化，一般消费者施以一般注意力不容易关注，这类区别点对产品整体视觉效果的影响很小。

具体而言一般有以下几种情形。

2.1.1　图案的细微差异

【案例21】

在产品名称为"斜口钳（大）"（申请号：201330490095.6，法律状态：维持）的专利权评价报告中，经评价认为，两者的区别点仅在于表面图案不相同，被评价专利钳头连接轴正反两面均有圆形文字图案、手柄外侧有圆形及字母图案（见图2-21-1），而对比设计相应部位无图案设计（见图2-21-2）。由于被评价专利与对比设计在整体比例、整体形状，以及各部位的形状的设计上均极为近似，两者区别点仅在于图案的有无，该区别属于施以一般注意力不能察觉到的局部的细微差异。因此，被评价专利与对比设计实质相同，不符合《专利法》第23条第1款的规定。

立体图1　　　　　　　　　　　　立体图2

图2-21-1　被评价专利附图

左视图　　　　　　右视图　　　　　　立体图

图2-21-2　对比设计附图

【案例22】

在产品名称为"行车记录仪"（申请号：201430150345.6，法律状态：专利权终止）的专利权评价报告中，经评价认为，被评价专利（见图 2 – 22 – 1）与对比设计（见图 2 – 22 – 2）的形状完全相同，区别点仅在于对比设计表面无字母、标识等图案。从现有设计状况看，行车记录仪类产品的形状多种多样，设计空间较大，而被评价专利与对比设计的形状完全相同，其区别点仅在于表面图案的有无，属于施以一般注意力不能察觉到的局部的细微差异。因此，被评价专利与对比设计实质相同，不符合《专利法》第 23 条第 1 款的规定。

主视图　　　　　　后视图　　　　　　左视图　　　　　　右视图

俯视图　　　　　　仰视图　　　　　　立体图

图 2 – 22 – 1　被评价专利附图

主视图　　　　　　后视图　　　　　　左视图　　　　　　右视图

俯视图　　　　　　　　　仰视图

图 2 – 22 – 2　对比设计附图

2.1.2 形状的细微差异

【案例23】

在产品名称为"婴儿车（P800A）"（申请号：201530148854.X，法律状态：维持）的专利权评价报告中，经评价认为，两者的主要区别点在于两根前轮杆之间的连接杆不同，被评价专利两根前轮杆之间的连接杆为弯曲状（见图2-23-1），对比设计两根前轮杆之间的连接杆为平直状（见图2-23-2）。由于被评价专利与对比设计的整体结构和形状均基本相同，上述连接杆形状的区别在整体设计中所占的比例相对较小，属于施以一般注意力不能察觉到的局部的细微差异。因此，被评价专利与对比设计实质相同，不符合《专利法》第23条第1款的规定。

主视图　　　　　　　　　　　立体图

图2-23-1　被评价专利附图

主视图　　　　　　　　　　　立体图

图2-23-2　对比设计附图

【案例24】

在产品名称为"单枕头连体式车用充气床（直式拉带）"（申请号：201430291363.6，法律状态：维持）的专利权评价报告中，经评价认为，两者的区别点主要在于床体各部位四周的圆滑程度以及床垫下方的凹陷程度略有不同；被评价专利侧面不可见充气孔（见图 2 - 24 - 1），对比设计可见（见图 2 - 24 - 2）。从现有设计状况看，充气床类产品各部位的具体形状以及表面的凹凸设计等均变化较多，具有较大设计空间，而被评价专利与对比设计各部位的具体形状及表面的凹凸设计均基本相同，被评价专利与对比设计的区别点相对于充气床的整体属于施以一般注意力不能察觉到的局部的细微差异。因此，被评价专利与对比设计实质相同，不符合《专利法》第 23 条第 1 款的规定。

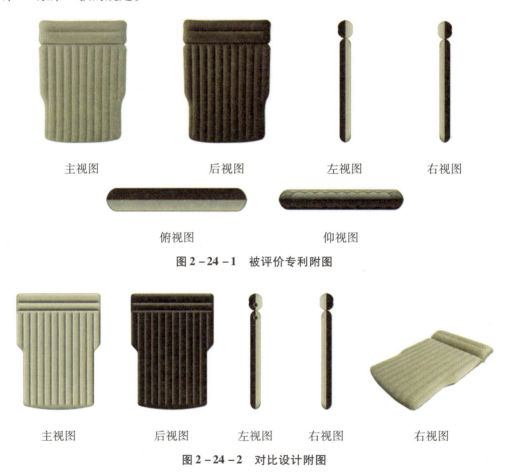

主视图　　　　后视图　　　　左视图　　　　右视图

俯视图　　　　　　仰视图

图 2 - 24 - 1　被评价专利附图

主视图　　　　后视图　　　左视图　　　右视图　　　　右视图

图 2 - 24 - 2　对比设计附图

【案例 25】

在产品名称为"手机支架"（申请号：201430369075.8，法律状态：维持）的专利权评价报告中，经评价认为，两者的区别点主要在于两个夹子的相对方向不同，即被评价专利两个夹子呈十字形布置（见图 2 - 25 - 1），而对比设计两个夹子呈一字形（见图 2 - 25 - 2）。通常情况下，该类产品放置手机的夹子可以通过中间的连接件进行旋转。另外夹子的表面有细微不同，被评价专利较平，对比文件有过渡线，但相对产品整体而言，该区别点属于施以一般注意力不能觉察到的局部的细微差异。因此，被评价专利与对比设计实质相同，不符合《专利法》第23条第1款的规定。

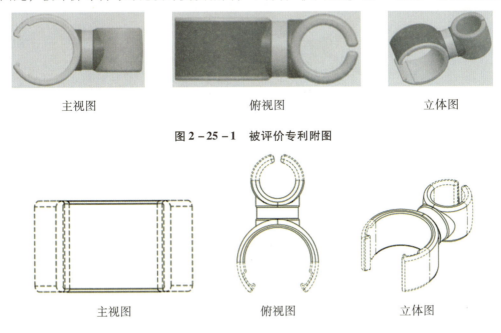

| 主视图 | 俯视图 | 立体图 |

图 2 – 25 – 1 被评价专利附图

| 主视图 | 俯视图 | 立体图 |

图 2 – 25 – 2 对比设计附图

2.1.3 功能性结构不同

【案例26】

在产品名称为"连接器（安卓）"（申请号：201430466695.3，法律状态：维持）的专利权评价报告中，经评价认为，两者的区别点仅在于被评价专利组件1插头为安卓系统插头（见图2 – 26 – 1），对比设计组件1插头为苹果系统插头（见图2 – 26 – 2）。被评价专利与对比设计组件1插头部分的差异相对于连接器整体来说，属于产品功能的需求，其插头形状及结构需要配合系统的产品接口使用，无论是安卓系统的插头，还是苹果系统的插头，在该产品领域内均为一般消费者熟知的惯常设计，早已属于现有设计。故被评价专利与对比设计实质相同，不符合《专利法》第23条第1款的规定。

| 组件 1 主视图 | 组件 1 俯视图 | 组件 1 仰视图 |

图 2 – 26 – 1 被评价专利附图

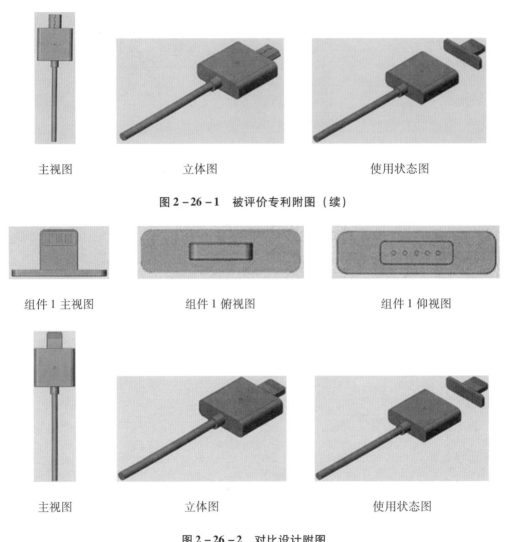

| 主视图 | 立体图 | 使用状态图 |

图 2 - 26 - 1　被评价专利附图（续）

| 组件 1 主视图 | 组件 1 俯视图 | 组件 1 仰视图 |

| 主视图 | 立体图 | 使用状态图 |

图 2 - 26 - 2　对比设计附图

【案例 27】

在产品名称为"HDMI 切换器（3x1 Switch）"（申请号：201430332925.7，法律状态：维持）的专利权评价报告中，经评价认为，两者的区别点主要在于：（1）对比设计正面有五个输入显示灯，被评价专利只有三个；（2）对比设计的左右两个侧面各有一个数据接口，被评价专利没有。被评价专利（见图 2 - 27 - 1）与对比设计（见图 2 - 27 - 2）的不同点仅在于对比设计比被评价专利多了两个数据接口和对应的显示灯，其他设计特征均完全相同。对于同类产品的一般消费者而言，被评价专利与对比设计的区别未涉及形状和图案上的改进，接口和显示灯数量的变化是因功能原因作出的适应性修改，且属于不能察觉的局部的细微变化。因此，被评价专利与对比设计实质相同，不符合《专利法》第 23 条第 1 款的规定。

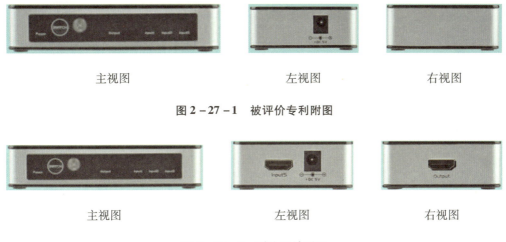

主视图　　　　　　　　　　左视图　　　　　　　　　　右视图

图 2 - 27 - 1　被评价专利附图

主视图　　　　　　　　　　左视图　　　　　　　　　　右视图

图 2 - 27 - 2　对比设计附图

2.1.4　大小比例不同

【案例 28】

在产品名称为"水瓶"（申请号：201430297911.6，法律状态：维持）的专利权评价报告中，被评价专利（见图 2 - 28 - 1）和对比设计（见图 2 - 28 - 2）为不同专利权人提交的两项外观设计。经评价认为，两者的区别点主要在于尺寸比例略有不同，对比设计比被评价专利略为粗矮。被评价专利与对比设计无论在整体还是各部分的形状、图案和色彩上均相同，区别点仅在于尺寸比例略有不同，但该区别点与该类产品的整体及各部分的形状图案和色彩相比，属于施以一般注意力不能察觉到的局部的细微差异。因此，被评价专利与对比设计实质相同，不符合《专利法》第 23 条第 1 款的规定。

主视图　　　　后视图　　　　俯视图　　　　仰视图　　　　立体图

图 2 - 28 - 1　被评价专利附图

主视图　　　　后视图　　　　俯视图　　　　仰视图　　　　立体图

图 2 – 28 – 2　对比设计附图

【案例29】

在产品名称为"可随意调整的收纳筐（1）"（申请号：201430396735.1，法律状态：专利权终止）的专利权评价报告中，经评价认为，两者的区别点主要在于长方体的长宽高比例不同，被评价专利（见图 2 – 29 – 1）比对比设计（见图 2 – 29 – 2）更长、更宽。一方面，收纳筐类产品为无盖长方体的设计较为常见，尽管长方体长宽高比不尽相同，但长方体的形状设计要素在收纳筐的设计中属于惯常设计，收纳筐的隔板亦然；另一方面，收纳筐表面纹理，有无镂空及镂空形状、有无把手及把手的形状、布局设计均可以有较大变化。基于这种设计现状而言，此类产品的一般消费者会更关注除整体为长方体的形状外，其他各部位的设计变化。被评价专利隔板、收纳筐与对比设计的相应部分在整体构成、各部分的设计上均相同，仅在隔板和收纳筐的长宽高整体比例上有所不同，属于施以一般注意力不能察觉到的局部的细微差异。因此，被评价专利与对比设计实质相同，不符合《专利法》第23条第1款的规定。

组件1 主视图　　　　　组件1 立体图　　　　　组件2 立体图

组件2 主视图　　　　　组件2 右视图　　　　　组件2 俯视图

图 2 – 29 – 1　被评价专利附图

组件2主视图　　　　　　组件2右视图　　　　　　组件2俯视图

组件2主视图　　　　　　组件2立体图　　　　　　组件1立体图

图 2 - 29 - 2　对比设计附图

2.1.5　制图方式不同

【案例30】

在产品名称为"振动美容仪器（V - FACE）"（申请号：201430063758.0，法律状态：维持）的专利权评价报告中，经评价认为，两者的区别点主要在于：被评价专利握把下方侧面有近似三角形弧状结构，且该处为三棱台（见图 2 - 30 - 1），而对比设计侧面无明显结构，背面有圆角矩形结构，且该处为四棱台（见图 2 - 30 - 1）。被评价专利与对比设计的底座、握把上部、连接杆、按摩件的形状设计均相同，虽然二者制图方式不同，但是二者的整体形状和结构基本相同，而区别点握把表面近似三角形弧状凹槽、圆角矩形凹陷及一条棱柱的区别在产品整体中所占比例较小，属于施以一般注意力不能察觉到的局部的细微差异。因此，被评价专利与对比设计实质相同，不符合《专利法》第 23 条第 1 款的规定。

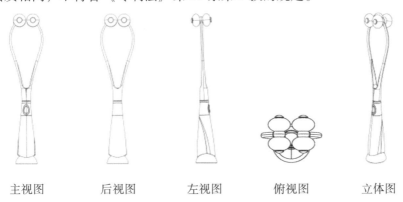

主视图　　　　后视图　　　　左视图　　　　俯视图　　　　立体图

图 2 - 30 - 1　被评价专利附图

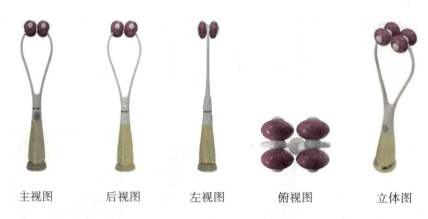

| 主视图 | 后视图 | 左视图 | 俯视图 | 立体图 |

图 2 - 30 - 2　对比设计附图

【案例31】

在产品名称为"茶几"（申请号：201030602382.8，法律状态：维持）的专利权评价报告中，被评价专利是渲染视图（见图 2 - 31 - 1），对比设计是线条视图（见图 2 - 31 - 2）。经评价认为，两者的区别点主要在于整体比例略有不同、产品两侧的两个立板之间的间距略有不同。虽然二者制图方式不同，但被评价专利与对比设计的组成方式、整体形状及各局部的设计均非常相似，上述区别点均属于施以一般注意力不能察觉到的局部的细微差异。因此，被评价专利与对比设计实质相同，不符合《专利法》第 23 条第 1 款的规定。

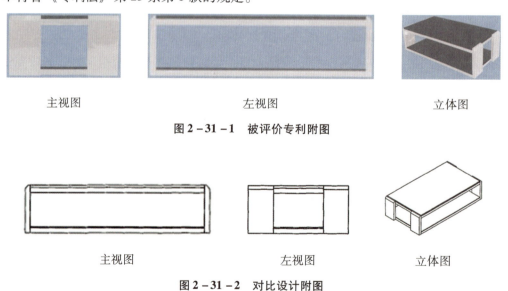

| 主视图 | 左视图 | 立体图 |

图 2 - 31 - 1　被评价专利附图

| 主视图 | 左视图 | 立体图 |

图 2 - 31 - 2　对比设计附图

2.2　使用时不容易看到或看不到的部位（特殊视觉效果的除外）

这种实质相同的情形是指区别在于使用时不容易看到或看不到的部位。通常产品使用时不容易看到或者看不到的部位不能引起一般消费者的注目，因此在该部位对设计作出微小或较大的改变，都不易被消费者关注到，故该部位的设计变化对产品整体视觉效果的影响很小。如果两项外观设计的区别点仅在于使用时不容易看到或看不到的部位，那么应当认为两者属于实质相同的外观设计。

但是有一例外，即使用时不容易看到或者看不到的部位因为具有了特定的设计而产生了吸引消费者目光的视觉效果，那么则不能再忽略该部位的设计变化，不能直接认定两者为实质相同的外观设计。

【案例32】

在产品名称为"足球弹簧弹力架"（申请号：201430386321.0，法律状态：专利权终止）的专利权评价报告中，经评价认为，两者的区别点主要在于：被评价专利的视图公开了托盘顶面的设计，表达出固定带是通过方孔结构与托盘固定连接的（见图2-32-1），而对比设计则没有公开该部分的设计特征（见图2-32-2）。被评价专利与对比设计的区别仅在于是否表达了产品托盘与固定带的连接方式，而该区别点位于托盘顶面，当使用产品时该部位将被上方所摆放的球所遮掩，属于使用时不能看到的部位，且没有证据表明托盘与固定带连接部位的特定设计对于一般消费者能够产生引人瞩目的视觉效果。因此，被评价专利与对比设计实质相同，不符合《专利法》第23条第1款的规定。

主视图

俯视图

仰视图

右视图

立体图

图2-32-1　被评价专利附图

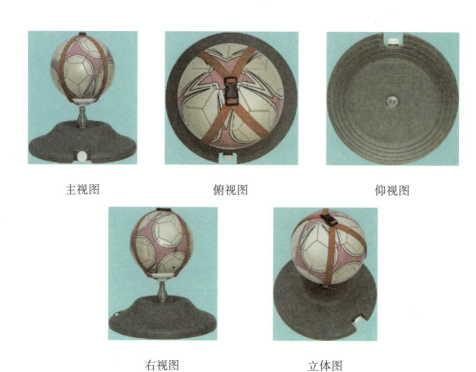

| 主视图 | 俯视图 | 仰视图 |

右视图   立体图

图 2 - 32 - 2 对比设计附图

【案例33】

在产品名称为"背包（一）"（申请号：201530117857.7，法律状态：专利权终止）的专利权评价报告中，经评价认为，两者的区别点主要在于：被评价专利后侧左右和下部各有一个半圆形的垫子（见图 2 - 33 - 1），而对比设计后侧下部有类似箭头形的区域分割（见图 2 - 33 - 2）。从现有设计可以看出，背包的结构虽然较为固定，但其设计变化却存在较大空间，上述区别点位于背包使用时不容易见到的部位，并且相对于其整体设计的相似度，该差别并未产生引人注目的视觉效果。因此，被评价专利与对比设计实质相同，不符合《专利法》第23条第1款的规定。

主视图   后视图   立体图

图 2 - 33 - 1 被评价专利附图

主视图　　　　　　　　　后视图　　　　　　　　　立体图

图 2 - 33 - 2　对比设计附图

2.3　惯常设计的替换

这种实质相同的情形是指区别在于将某一设计要素整体置换为该类产品的惯常设计的相应设计要素。惯常设计（惯常形状或者惯常图案）是指在现有设计中一般消费者所熟知的、只要提到产品名称就能想到的相应设计。对于一般消费者而言，虽然产品的外观发生了变化，但是这种惯常设计的变化不容易引起一般消费者的关注，产品惯常设计以外的区别点相对于惯常设计的区别点更能够产生引人注目的视觉效果。

【案例 34】

在产品名称为"方形翻盖滴胶车充"（申请号：201430385271.4，法律状态：专利权终止）的专利权评价报告中，经评价认为，两者的区别点主要在于：被评价专利第二壳体段为截面为圆角矩形的长方体形（见图 2 - 34 - 1），而对比设计相应部分为圆柱体（见图 2 - 34 - 2）；被评价专利端盖为圆角矩形，而对比设计的端盖为圆形。从现有设计可以看出，此类产品的第二壳体段、端盖的形状设计属于该类产品的惯常设计，上述区别点仅属于惯常设计的整体置换，对整体视觉效果无实质影响。因此，被评价专利与对比设计实质相同，不符合《专利法》第 23 条第 1 款的规定。

主视图　　　　　左视图　　　　　立体图　　　　　　　使用状态图

图 2 - 34 - 1　被评价专利附图

| 主视图 | 左视图 | 立体图 | 使用状态图 |

图 2 - 34 - 2　对比设计附图

【案例 35】

在产品名称为"临时停车卡（2）"（申请号：201530180395.3，法律状态：专利权维持）的专利权评价报告中，经评价认为，被评价专利左右边缘为弧形（见图 2 - 35 - 1），对比设计左右边缘为直线（见图 2 - 35 - 2）。从现有设计可以看出，临时停车卡等标识类薄型产品中外边缘采用弧形的设计较为常见，属于该类产品的惯常设计，上述区别点仅在于将某一设计要素整体置换为该类产品的惯常设计的相应设计要素。因此，被评价专利与对比设计实质相同，不符合《专利法》第 23 条第 1款的规定。

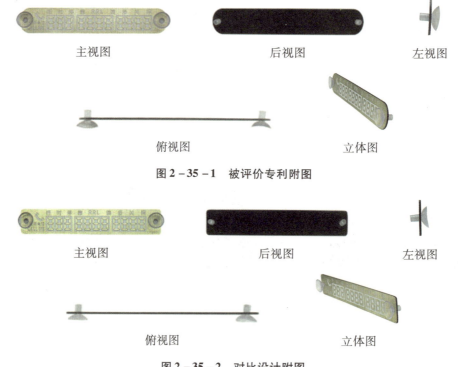

图 2 - 35 - 1　被评价专利附图

| 主视图 | 后视图 | 左视图 |

| 俯视图 | 立体图 |

图 2 - 35 - 2　对比设计附图

【案例36】

在产品名称为"钱包（623－354）"（申请号：201530092138.4，法律状态：等年费滞纳金）的专利权评价报告中，经评价认为，被评价专利（见图2－36－1）与对比设计（见图2－36－2）的主要区别点在于钱包正面长宽比例不同，其余设计要素均相同。从现有设计可以看出，钱包类产品正面大都均呈规则的矩形状，而长宽比例无论是3∶2还是2∶1，均属于该类产品的惯常设计，被评价专利与对比设计的区别仅在于将某一设计要素（整体长宽比例）整体置换为该类产品的惯常设计的相应设计要素。因此，被评价专利与对比设计实质相同，不符合《专利法》第23条第1款的规定。

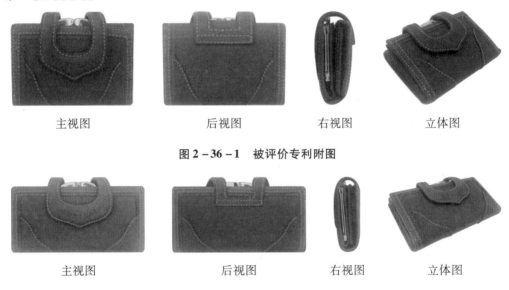

|主视图|后视图|右视图|立体图|

图2－36－1　被评价专利附图

|主视图|后视图|右视图|立体图|

图2－36－2　对比设计附图

2.4　互为镜像对称

镜像对称是将对比设计的设计特征用所属领域内常见的设计手法所做的设计变化，使得两个产品的形状和图案轴对称，但其设计内容本质并没有改变。

【案例37】

在产品名称为"沙发（FS－193－1）"（申请号：201530042001.8，法律状态：等年费滞纳金）的专利权评价报告中，经评价认为，被评价专利（见图2－37－1）与对比设计（见图2－37－2）的主要区别点主要在于，两者的整体形状对称而非相同。由于被评价专利与对比设计的整体形状对称，沙发靠背、扶手、座垫以及底架的设计均完全相同，两者的区别仅在于两者为相互对称的设计。因此，被评价专利与对比设计实质相同，不符合《专利法》第23条第1款的规定。

主视图 立体图

图 2 – 37 – 1　被评价专利附图

主视图 立体图

图 2 – 37 – 2　对比设计附图

【案例38】

在产品名称为"组合家具（H – 01）"（申请号：201430278494.0，法律状态：失效）的专利权评价报告中，经评价认为，被评价专利与对比设计的主要区别在于，被评价专利的扶手位于右侧（见图 2 – 38 – 1），对比设计的扶手位于左侧（见图 2 – 38 – 2）。由于被评价专利与对比设计的整体形状对称，梯柜的形状和层数、抽屉、拉手和扶手的形状均相同，两者的区别仅在于两者为相互对称的设计。因此，被评价专利与对比设计实质相同，不符合《专利法》第 23 条第 1 款的规定。

主视图　　　　立体图　　　　　　　主视图　　　　立体图

图 2 – 38 – 1　被评价专利附图　　　图 2 – 38 – 2　对比设计附图

2.5　设计单元重复排列或排列数量增减

这种实质相同的情形是指区别在于将对比设计作为设计单元按照该种类产品的常规排列方式作重复排列或者将其排列的数量作增减变化。将产品的设计单元按照该种类产品的常规排列方式重复排列或者做排列数量的增减形成的设计，虽然可能导致产品外观发生变化，但其设计单元的设计要素完全相同，被评价专利与对比设计相比除了设计单元数量有区别之外并没有新的设计内容，因此二者实质相同。

【案例39】

在产品名称为"吊灯（6084－8H）"（申请号：201330402877. X，法律状态：失效）的专利权评价报告中，经评价认为，被评价专利（见图2－39－1）与对比设计（见图2－39－2）的区别点仅在于灯臂、灯托及灯罩数量不同。由于被评价专利与对比设计的区别点在于将相同的设计单元做"8头"与"5头"的变化，在吊灯领域，该类变化较为常见，属于按照该类产品的常规排列方式将其排列的数量作增减变化。因此，被评价专利与对比设计实质相同，不符合《专利法》第23条第1款的规定。

　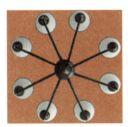　

主视图　　　　　　　　仰视图　　　　　　　　立体图

图2－39－1　被评价专利附图

　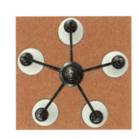　

主视图　　　　　　　　仰视图　　　　　　　　立体图

图2－39－2　对比设计附图

【案例40】

在产品名称为"四门衣柜（A01103－4）"（申请号：201330286588.8，法律状态：专利权维持）的专利权评价报告中，经评价认为，被评价专利（见图2－40－1）与对比设计（见图2－40－2）的区别点在于衣柜门的数量不同。四门衣柜和三门衣柜的区别属于设计单元按照该类产品的常规排列方式将其排列的数量作增减变化的情形。因此，被评价专利与对比设计实质相同，不符合《专利法》第23条第1款的规定。

| 主视图 | 左视图 | 右视图 | 立体图 |

图 2 - 40 - 1　被评价专利附图

| 主视图 | 左视图 | 右视图 | 立体图 |

图 2 - 40 - 2　对比设计附图

2.6　单一色彩的改变

色彩必须与产品的形状或图案相结合才能够得到外观设计专利的保护，如果两项外观设计的形状和图案设计均相同，仅改变产品的色彩，属于非常简单、很容易想到的常见设计手法，两项外观设计实质相同。

【案例41】

在产品名称为"电热水壶（F23）"（申请号：201530108642.9，法律状态：失效）的专利权评价报告中，被评价专利请求保护色彩。经评价认为，被评价专利与对比设计的区别点仅在于，被评价专利水壶壶盖、把手外侧和壶体的通体为浅蓝色色彩大面积均匀分布（见图2-41-1），而对比设计对应水壶的壶盖、把手外侧和壶体的通体为浅灰色色彩大面积均匀分布（见图2-41-2）。被评价专利与对比设计的整体形状及各组成结构的具体形状均相同，并且图案也相同，区别点仅在于水壶的颜色不同。因此，被评价专利与对比设计属于单一色彩的外观设计仅作色彩改变，属于实质相同的外观设计，被评价专利不符合《专利法》第23条第1款的规定。

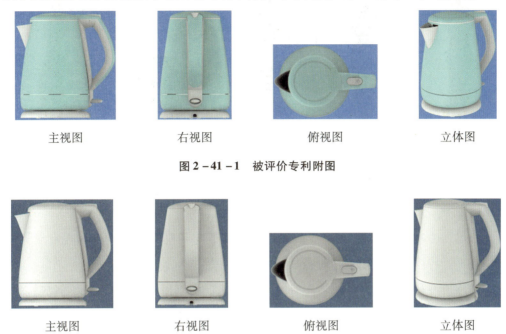

| 主视图 | 右视图 | 俯视图 | 立体图 |

图 2 – 41 – 1　被评价专利附图

| 主视图 | 右视图 | 俯视图 | 立体图 |

图 2 – 41 – 2　对比设计附图

【案例42】

在产品名称为"酒瓶（黄旗袍）"（申请号：201530548658.1，法律状态：等年费滞纳金）的专利权评价报告中，被评价专利请求保护色彩。经评价认为，被评价专利与对比设计的区别点仅在于，被评价专利瓶身底色为黄色（见图 2 – 42 – 1），对比设计的为红色（见图 2 – 42 – 2）。被评价专利与对比设计的整体形状及图案均相同，区别点仅在于瓶身底色的颜色不同。因此，被评价专利与对比设计属于单一色彩的外观设计仅作色彩改变，属于实质相同的外观设计，被评价专利不符合《专利法》第23条第1款的规定。

| 主视图 | 后视图 | 右视图 | 俯视图 | 立体图 |

图 2 – 42 – 1　被评价专利附图

| 主视图 | 后视图 | 右视图 | 俯体图 | 立体图 |

图 2 – 42 – 2　对比设计附图

3. 外观设计不具有明显区别的判断

根据《专利法》第 23 条第 2 款的规定，授予专利权的外观设计与现有设计或者现有设计特征的组合相比，应当具有明显区别。

被评价专利与现有设计或者现有设计特征的组合相比不具有明显区别包括以下三种情形：其一，被评价专利与相同或者相近种类产品的一项现有设计相比不具有明显区别；其二，被评价专利是由现有设计转用得到的；其三，被评价专利是由现有设计或者现有设计特征组合得到的。

3.1　与相同或者相近种类产品现有设计对比

在被评价专利与相同或者相近种类产品的一项现有设计对比时，不具有明显区别是指如果一般消费者经过对被评价专利与对比设计的整体观察可以看出，二者的差别对于产品外观设计的整体视觉效果不具有显著影响，则被评价专利与对比设计相比不具有明显区别。

整体视觉效果是基于整体观察、综合判断的方式，将被评价专利与对比设计进行对比，综合分析两者相同点与不同点对整体视觉效果的影响程度来进行判断，而不是从外观设计的部分或局部出发得出结论。在判断对整体视觉效果的影响时，一般要综合考虑四点因素。

（1）使用时容易看到的部位的设计变化相对于不容易看到或者看不到的部位的设计变化，通常对整体视觉效果更具有显著影响。有证据表明在不容易看到部位的特定设计对于一般消费者能够产生引人注目的视觉效果的除外。

（2）当产品上某些设计被证明是该类产品的惯常设计（如易拉罐产品的圆柱形状设计）时，其余设计的变化通常对整体视觉效果更具有显著的影响。

（3）由产品的功能唯一限定的特定形状对整体视觉效果通常不具有显著的影响。

（4）若区别点仅在于局部细微变化，则其对整体视觉效果不足以产生显著影响。

3.1.1 使用时容易看到的部位

使用时容易看到的部位是一般消费者容易关注的部位，也是设计师付出智力劳动相对较多的设计部位，因此这些部位的设计特征相对于不容易看到或者看不到的部位的设计特征，对外观设计的整体视觉效果的影响更大。在判断时，使用时容易看到的部位的认定，应当结合具体的产品及其使用方式或状态来考虑。

【案例43】

在产品名称为"吸盘（24）"（申请号：201430429956.4，法律状态：失效）的专利权评价报告中，被评价专利（见图2－43－1）与对比设计（见图2－43－2）均为吸盘的外观设计，且对比设计构成被评价专利的现有设计。经评价认为，对比设计由底盘、旋盖及挂钩组成，而被评价专利并未包含挂钩部分，仅需将与被评价专利相对应的底盘和旋盖部分进行比较。两者的区别点主要在于：（1）旋盖与底盘的比例不同，被评价专利产品旋盖直径略小于底盘顶部直径，对比设计旋盖直径略大于底盘顶部直径；被评价专利产品底盘底部较对比设计的底盘底部直径略大；（2）连接柱不同，被评价专利产品的底盘与旋盖之间没有其他部件的遮挡，可见连接柱，对比设计底盘与旋盖的连接处被挂钩遮挡，该处具体形状不可见。根据检索到的现有设计情况来看，吸盘类产品造型较丰富，具有较大的设计空间，区别点（1）涉及的比例差异比较细微，属于局部细微差异，区别点（2）涉及的在使用时被挂钩挡住的连接柱，属于使用时看不到的部位，相对于使用时容易看到的部位而言，对产品的整体视觉效果不足以产生显著影响。因此，被评价专利与对比设计相比不具有明显区别。

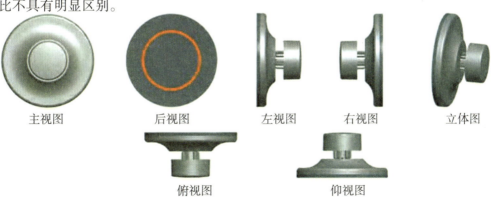

主视图　　　后视图　　　左视图　　　右视图　　　立体图

俯视图　　　　　　仰视图

图 2－43－1　被评价专利附图

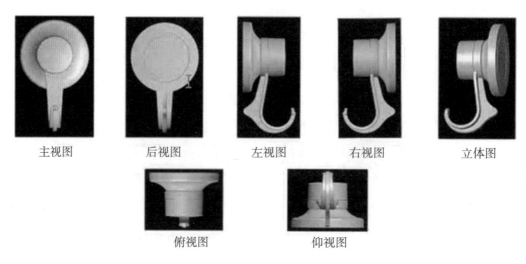

图 2 - 43 - 2　对比设计附图

3.1.2　惯常设计、常规设计

惯常设计是指现有设计中一般消费者所熟知的、只要提到产品名称就能想到的相应设计。这个设计应该是比较具体的设计特征，比如提到包装盒就能想到的长方形或正方形形状的设计。通常来说，在一项外观设计中，惯常设计特征不属于创新特征。

在《专利法》第 23 条第 1 款和第 2 款中都涉及惯常设计的情形，二者的区别在于，第 1 款的惯常设计关注整体设计要素的变化，如形状设计要素的整体置换，比如形状要素整体由惯常的长方体置换为正方体，在前述产品名称为"钱包（623 - 354）"的案例 36 中，钱包整体形状长宽比例的变化都属于形状要素的整体置换。第 2 款的惯常设计是指外观设计中的某一或者某些设计特征属于该类产品的惯常设计，由第 1 款关注整体设计要素的变化到第 2 款关注设计要素的其中一部分设计特征的变化。

【案例 44】

在产品名称为"头戴式无线耳机（S100）"（申请号：201730108755.8，法律状态：专利权维持）的专利权评价报告中，被评价专利（见图 2 - 44 - 1）与对比设计（见图 2 - 44 - 2）均为头戴式耳机的外观设计，且对比设计构成被评价专利的现有设计。经审查认为，被评价专利与对比设计相比，两者整体形状和各部分的具体设计基本相同，不同点主要在于：（1）被评价专利设有椭圆形耳垫，对比设计未见耳垫设计；（2）被评价专利耳罩外部设有按键图案，对比设计未见图案设计。对于耳机的一般消费者而言，区别点（1）属于该类产品的惯常设计，区别点（2）属于局部细微变化，上述区别点不足以对外观设计的整体视觉效果产生显著影响。因此，被评价专利与对比设计相比不具有明显区别。

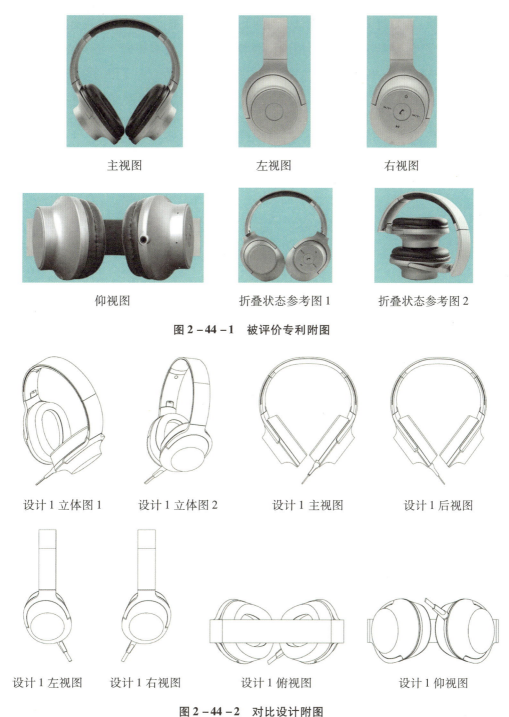

主视图　　　　左视图　　　　右视图

仰视图　　　　折叠状态参考图1　　　　折叠状态参考图2

图 2 – 44 – 1　被评价专利附图

设计1立体图1　设计1立体图2　　设计1主视图　　设计1后视图

设计1左视图　设计1右视图　　设计1俯视图　　设计1仰视图

图 2 – 44 – 2　对比设计附图

【案例45】

在产品名称为"多用三脚架"（申请号：201730172062.5，法律状态：等年费滞纳金）的专利权评价报告中，被评价专利（见图 2 – 45 – 1）与对比设计（见

图2-45-2）均为架子的外观设计，且对比设计构成被评价专利的现有设计。经审查认为，被评价专利与对比设计相比，两者整体造型基本相同。不同点主要在于：（1）形成支撑面的三根管的连接方式不同，被评价专利由三个支角的金属片铆接，且两层之间还有一支撑圆柱，对比设计由三通管连接，两层之间没有支撑件；（2）被评价专利的立管为圆管，对比设计的立管为方管；（3）两个支撑面的相对位置略有不同。根据现有设计及一般消费者的常识，被评价专利与对比设计之间的连接方式上的区别，即区别点（1）主要影响产品的性能即强度，对产品的视觉效果影响较弱；区别点（2）即支撑管为方管或者圆管都属于该类产品的惯常设计；区别点（3）属于局部细微差异。经整体观察，在二者造型基本相同的情况下，二者的上述区别对外观设计的整体视觉效果不具有显著影响。因此，被评价专利与对比设计相比不具有明显区别。

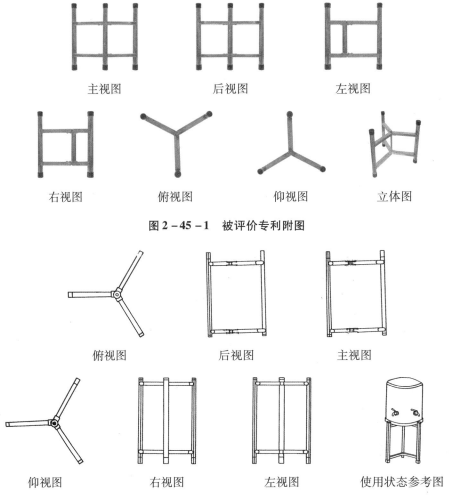

图 2-45-1　被评价专利附图

图 2-45-2　对比设计附图

常见设计是在现有设计中尚不能如惯常设计那样达到一般消费者常识的程度，但某一设计要素或设计特征在本领域的设计中被广泛使用，在市场上也频繁出现，对一般消费者而言比较熟悉，属于比较常见的设计。现有设计中能达到惯常设计定义的程度的较少。相对而言，常见设计则无须达到惯常设计定义的程度，范围相对宽泛，即一般消费者看到相应设计后能反应出该设计较为常见即可。通常需要在检索的现有设计中列举出能证明其为常见设计的多项对比设计。

【案例46】

在产品名称为"床头柜（2#）"（申请号：201330577790.6，法律状态：专利权维持）的专利权评价报告中，被评价专利（见图2－46－1）与对比设计（见图2－46－2）均为床头柜的外观设计，且对比设计构成被评价专利的现有设计。专利权评价报告认为，被评价专利与对比设计整体形状均近似长方体，产品布局、抽屉部分的设计、顶板部分的设计、四周框架结构等均相同，区别点主要在于：（1）侧边底边的设计不同，被评价专利侧面底边为直线型，而对比设计两边的底边为曲线形；（2）把手不同，被评价专利的拉手中部为橄榄形，造型较简单，且带有图案，而对比设计的拉手造型较复杂；（3）底脚的上半部分不同，被评价专利的底脚上半部分近似球冠形，而对比设计的底脚更长，上半部近似圆台形。根据检索到的现有设计情况来看，对于床头柜类产品而言，两斗柜的设计属于常见设计，产品的布局、各部分的具体形状和装饰等细节的变化对整体视觉效果产生显著影响。区别点（1）被评价专利的直边设计属于该领域内的惯常设计；区别点（2）在于可替换拉手的区别，相对于整体而言，属于局部细微差异，且被评价专利的拉手属于韩式风格的拉手，为该领域内的常见设计；区别点（3）在底脚上，位于使用时不容易看到的底部，且属于局部的细微差异。在其他设计特征（整体框架结构、布局、抽屉面板装饰框形状、下部曲线边的形状）明显相同的情况下，上述区别点对产品的整体视觉效果不足以产生显著影响。因此，被评价专利与对比设计相比不具有明显区别。

主视图　　　　　　右视图　　　　　　俯视图　　　　　　立体图

图2－46－1　被评价专利附图

主视图　　　　　　　　　　左视图

俯视图　　　　　　　　　　立体图

图 2 - 46 - 2　对比设计附图

【案例47】

在产品名称为"拔罐器（一）"（申请号：201330476261.7，法律状态：专利权维持）的专利权评价报告中，被评价专利（见图 2 - 47 - 1）与对比设计（见图 2 - 47 - 2）均为拔罐器的外观设计，且对比设计构成被评价专利的现有设计。专利权评价报告认为，被评价专利与对比设计均包含有罐体、吸气阀和罐口，罐体和吸气阀的形状极为近似，罐口部分均略向外部张开，正面和背面的中部略向上凹。区别点主要在于罐口边缘的形状不同，被评价专利罐口边缘为波浪形，而对比设计的边缘为弧线形。根据检索到的现有设计情况来看，拔罐器罐体近似圆柱形较常见，也存在一些不规则形状的罐体，有一定的设计自由度，例如现有设计中有的罐体近似三棱柱形，有的罐体近似四棱柱形，但罐体均不弯曲。两者的相同点对产品的整体视觉效果具有显著影响，被评价专利与对比设计的罐体形状极为近似，都采用了弯曲的近似四棱柱形，吸气阀的形状和位置也极为近似，两者的相同点对产品的整体视觉效果具有显著影响。相对而言，罐口边缘的区别点属于产品局部细微变化，且被评价专利罐口边缘的波浪形设计在现有设计中也有体现，属于常见设计，例如在检索出的现有设计中也存在类似罐口均采用波浪形设计。因此，两者的区别点属于局部细微变化，对整体视觉效果不足以产生显著影响，被评价专利与对比设计相比不具有明显区别。

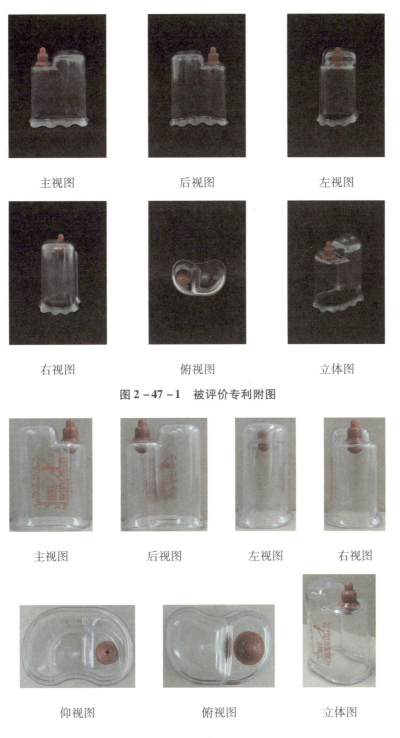

主视图　　　　　　　后视图　　　　　　　左视图

右视图　　　　　　　俯视图　　　　　　　立体图

图 2 - 47 - 1　被评价专利附图

主视图　　　　后视图　　　　左视图　　　　右视图

仰视图　　　　　　　俯视图　　　　　　　立体图

图 2 - 47 - 2　对比设计附图

3.1.3　功能性设计

产品的外观设计通常既要考虑美学需要，也要满足实现产品功能的其他需求。

在综合判断时，如果某些设计要素或设计特征主要是出于产品功能的考虑作出的，通常认为其在产品的整体视觉效果评估中所占比重较小。如果某些功能性设计是实现该功能所不能规避的设计，或者说是实现该功能的有限的几种设计之一，则该功能性设计对整体视觉效果通常不具有显著影响。

【案例48】

在产品名称为"手机壳（小米2）"（申请号：201230596705.6，法律状态：未缴年费终止失效）的专利权评价报告中，被评价专利（见图2－48－1）与对比设计（见图2－48－2）均为手机壳的外观设计，且对比设计构成被评价专利的现有设计。专利权评价报告认为，被评价专利与对比设计整体形状相同，均为长方体形，后背板均为圆弧倒角的矩形，四条长方形的侧围板在背板四角圆弧连接。两者的区别点主要在于手机壳表面的按钮及孔洞的位置和形状不同。手机壳的作用主要在于装饰、保护手机，同时不能影响手机的正常使用，因此手机壳的尺寸比例和开孔形状完全是依托于手机而存在的，特别是手机壳表面的屏幕尺寸、摄像头开孔、充电和耳机插孔、凹凸的按钮设计均需要完美贴合手机，使得消费者在装上手机壳后可以自如地操作手机。也就是说，相对于针对手机摄像头、功能按键和插孔所作出的功能性设计，装饰性设计（诸如外形形状、表面装饰及图案的设计）才是区分并体现手机壳的外观设计的重要因素。即使是与被评价专利形状类似的手机壳，仍然有很大的设计空间，比如可以在表面装饰性方面作出创新。被评价专利与对比设计的手机壳形状完全相同，表面均无图案；区别仅在于所适用的手机摄像头、按钮和插孔的位置、形状的不同而导致的适应性差异。其形状设计受这些功能部件的限制较大，对手机壳的一般消费者来说，该差别不能对外观设计的整体视觉效果产生显著影响。因此，被评价专利与对比设计相比不具有明显区别。

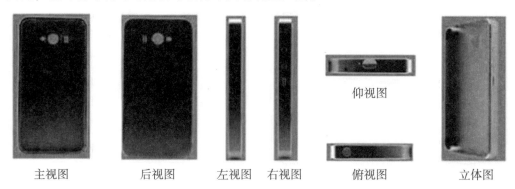

主视图　　后视图　　左视图　　右视图　　仰视图

俯视图　　立体图

图2－48－1　被评价专利附图

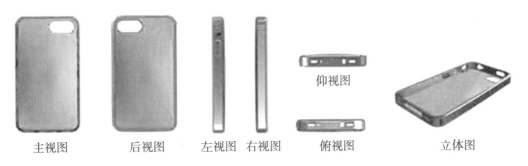

主视图	后视图	左视图	右视图	仰视图 俯视图	立体图

图 2 - 48 - 2　对比设计附图

【案例 49】

在产品名称为"轮胎（C1813）"（申请号：201130162186.8，法律状态：专利权维持）的专利权评价报告中，被评价专利（见图 2 - 49 - 1）和对比设计（见图 2 - 49 - 2）属于相同种类的外观设计，且对比设计构成被评价专利的现有设计。专利权评价报告认为，被评价专利与对比设计整体形状相近，均属于胎面较窄的类型；整体花纹组的排布方式相近，花纹组特征也相近。区别点主要在于：（1）胎面中部"Z"字形边缘的形态存在差别，被评价专利的"Z"字形弯折较对比设计更平缓；（2）组成花纹组的花纹块在形态上有明显区别，被评价专利的花纹组由一个带有"L"形内沟槽的"L"形花纹块和两个带有条状内沟槽的四边形花纹块组成，对比设计的花纹组则由一个带有"S"形内沟槽的四边形花纹块和一个带有条状内沟槽的四边形花纹块组成。根据检索到的现有设计状况，轮胎类产品由于其适用对象的不同会具有不同的规格和胎面花纹设计，而汽车轮胎的圆形形状是由功能唯一限定的，因此，胎面花纹对整体视觉效果更具有显著影响。被评价专利与对比设计之间的区别点足以对外观设计的整体视觉效果产生显著影响。因此，被评价专利与对比设计相比具有明显区别。

主视图	立体图	A-A′局部放大图	胎侧局部放大图

图 2 - 49 - 1　被评价专利附图

主视图

立体图

A处放大图

图 2 - 49 - 2　对比设计附图

3.1.4　设计空间

设计空间是指设计者在设计特定产品外观设计时的自由度。在判断对整体视觉效果的影响时，不可忽略被评价专利的产品所属相同或者相近种类产品的设计空间因素。在判断被评价专利与对比设计之间相同点和不同点对产品整体视觉效果的影响权重时，引入设计空间因素，能够得出相对比较客观的结论。一般来讲，对于设计空间较大的产品，通常不容易关注较小的设计区别，故不会对整体视觉效果产生影响；而对于设计空间较小的产品，即使是较小的设计区别，通常也会对整体视觉效果产生显著影响。

【案例50】

在产品名称为"移动电话"（申请号：201430328620.9，法律状态：专利权维持）的专利权评价报告中，被评价专利设计1（见图2－50－1）和对比设计（见图2－50－2）属于相同种类的外观设计，且对比设计构成被评价专利设计1的现有设计。专利权评价报告认为，被评价专利设计1与对比设计在产品的整体形状、长高比、屏幕大小与位置、摄像头的形状与位置等方面二者基本相同，区别点仅主要在于：（1）厚度略有不同，对比设计与被评价专利设计1相比略厚；（2）背面形状的细节不同，被评价专利设计1背面四周靠边缘处均为弧形过渡，对比设计仅在左右靠边缘处为弧形过渡，且弧度比被评价专利设计1略大；（3）正面与侧面的结合处结构不同，被评价专利设计1正面与侧框通过一斜坡直接过渡，对比设计正面屏幕部位相对于四周壳体略微凸出；（4）功能键、插孔等结构不同，对比设计四周分布有音量键、电源键、耳机插孔、电源插孔，背面有类似听筒等结构，被评价专利设计1无上述结构，对比设计摄像头左侧有一个小方形圆角的结构，被评价专利设计1摄像头左右对称分布两个小方形圆角的结构。根据检索到的现有设计状况，移动电话/手机类产品整体均近似薄平板设计，边缘多倒角，而且根据目前通信类产品的设计趋势，正面基本以大屏为主，故此类产品在正面的设计空间较小，一般消费者会容易关注到产品细节上的变化以及侧面形状的差异。因此，上述区别点对整体视觉效果产生了显著影响，被评价专利设计 1 与对比设计相比具有明显区别。

图 2 - 50 - 1　被评价专利设计 1 附图

图 2 - 50 - 2　对比设计附图

【案例 51】

在产品名称为"智能手机投影仪"（申请号：201430562859.2，法律状态：未缴纳年费终止失效）的专利权评价报告中，被评价专利（见图 2 - 51 - 1）和对比设计（见图 2 - 51 - 2）属于相同种类的外观设计，后者构成前者的现有设计。专利权评价报告认为，被评价专利与对比设计均由镜头和投影盒组成，圆筒状镜头均垂直突出投影盒的侧面，投影盒的整体形状、内外盒的嵌套方式，以及局部的细节和图案布局都极为近似。区别点主要在于：（1）两者顶部槽线末端开口不同，被评价专利为"U"形，对比设计相应位置为倒置梯形；（2）两者内盒两侧开口不同，对比设计没有开口；（3）两者表面图案的部分细节设计不同，具体表现在被评价专利镜头侧面内部图案布局、外盒侧面中后部圆角长方形内图案设计等，对比设计视图中相应部分设计不同或未表现。从检索到的现有设计状况来看，智能手机投影仪类产品中非电器化的产品极其罕见，大部分均为电子化便携装置，因此，此类产品整体形状及图案的设计空间大。两者的区别点仅属于局部细微差异或在于使用中不容易看到的部位，对整体视觉效果不足以产生显著影响。因此，被评价专利与对比设计相比不具有明显区别。

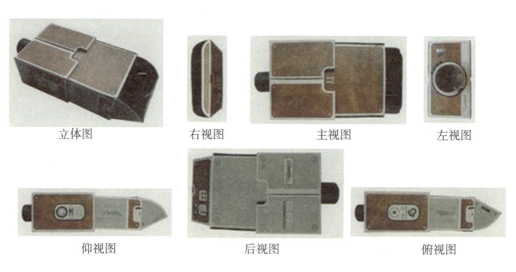

立体图　　　　右视图　　　　主视图　　　　左视图

仰视图　　　　后视图　　　　俯视图

图 2 - 51 - 1　被评价专利附图

图 2 - 51 - 2　对比设计附图

3.1.5　对现有设计的贡献

对现有设计的贡献考虑的是被评价专利设计要素或者设计特征是否区别于现有

设计，是否属于创新程度高的设计。戴森公司的开拓性无叶风扇设计对风扇类产品现有设计的贡献相对于普通风扇的改进型设计就更大。在权衡被评价专利与对比设计相同点和不同点对整体视觉效果的影响时，对现有设计的贡献是需要考虑的一个重要因素，若两者的相同点区别于现有设计，也就意味着对比设计在相同点的设计上相对于现有设计是有创新的，这一相同点设计对现有设计的贡献度大，此时相同点所占权重就更大，更容易得出两者不具有明显区别的结论。以下就是考虑了对现有设计贡献的因素，从而得出不具有明显区别结论的案例。

【案例52】

在产品名称为"滑行车坐便器"（申请号：201630507400.1，法律状态：专利权维持）的专利权评价报告中，被评价专利（见图2-52-1）和对比设计（见图2-52-2）属于相同种类的外观设计，后者构成前者的现有设计。专利权评价报告认为，被评价专利与对比设计整体形状基本相同，均为小汽车形状，均由扶手、坐便盖、坐便圈、坐便器主体构成，且各部位的形状相近。不同点主要在于：（1）被评价专利扶手为两段对称弧形，对比设计为3/4圆弧形；（2）对比设计坐便圈前端表面有眼睛图案设计，被评价专利没有；（3）两者坐便盖表面弧度和椭圆凹陷方向略有不同；（4）被评价专利车头斜面中央有一竖椭圆形，对比设计为横椭圆形且表面有英文图案；（5）被评价专利主体两侧车轮表面有图案设计，对比设计没有；（6）两者车尾部镂空扣手形状不同；（7）被评价专利底部设有突出的四个滚轮设计，对比设计没有。从检索到的现有设计来看，儿童坐便器类产品基本构成类似，但坐便器的整体形状、把手和主体部分存在较大的设计空间，造型设计多种多样，被评价专利和对比设计的整体形状相近，坐便圈和主体部分的形状均相同，区别点（1）～（6）仅在产品的局部形状细节或图案设计上，属于局部细微变化，至于底部的滚轮对于儿童坐便器类产品而言属于常见设计，因此，上述区别点对整体视觉效果不足以产生显著影响。被评价专利与对比设计不具有明显区别。

主视图

后视图

左视图

图2-52-1　被评价专利附图

右视图　　　　　　俯视图　　　　　　仰视图　　　　　　立体图

图 2 - 52 - 1　被评价专利附图（续）

主视图　　　　　　后视图　　　　　　左视图

右视图　　　　　　俯视图　　　　　　立体图

图 2 - 52 - 2　对比设计附图

在上述评价报告中，被评价专利与对比设计的区别点较多，涉及多个局部特征，但通过检索出来的现有设计情况发现，现有设计中涉及将车的造型作为坐便器主体造型的设计很少，两者涉及车的整体造型的相同点在儿童坐便器领域属于比较独特的设计，属于明显区别于现有设计的特征。该整体形状的设计相比其他局部的改进对现有设计的贡献更大，属于对现有设计作出重要贡献的特征，因此，在进一步判断时，整体形状在产品设计创新上的贡献度大，虽然两者在某些局部也存在一些较为明显的差异，但是一般消费者更容易发现和关注到新颖整体造型的这个设计特征，从而得出被评价专利与对比设计不具有明显区别的结论。

3.1.6　局部细微差异

根据《专利法》第 23 条第 2 款的规定，授予专利权的外观设计与现有设计或者现有设计特征的组合相比，应当具有明显区别。

根据《专利审查指南》第四部分第五章 6.1 中的规定，在确定被评价专利与相同或者相近种类产品现有设计相比是否具有明显区别时，一般还应当综合考虑。若区别点仅在于局部细微变化，则其对整体视觉效果不足以产生显著影响，二者不具有明显区别。

此处"局部细微差异"的措辞，与根据《专利法》第 23 条第 1 款所涉及的"同样的外观设计"中"实质相同"情况下所包含的"施以一般注意力不能察觉到的局部的细微差异"看起来极为相似。然而从"施以一般注意力不能察觉到"这一限定条件可以看出，相比"实质相同"对两项设计间"差异"的要求，"不具有明显区别"对"差异"的要求更为宽松，更易于察觉。通俗而言，这两处对于"差异"要求的这种区别，可以看作外观设计专利在是否具备"新颖性"和"创造性"上对"差异"的标准。《专利法》第 23 条第 1 款"不属于现有设计"相当于对外观设计专利"新颖性"的要求，此外，第 1 款中还包含有关于抵触申请的相关规定，这一规定是为了防止重复授权。但是，外观设计的设计人在进行设计时，可以获得现有设计的相关资料，却一般无法获得已提出专利申请却未公告的外观设计相关资料。因此，判断是否构成抵触申请的审查标准也只需要具有"新颖性"（不相同也不实质相同）即可。《专利法》第 23 条第 2 款"应当具有明显区别"则要求授予专利权的外观设计不仅应具备"新颖性"，还应当具有一定的"创造性"。这种要求体现在具体设计的差异判断标准上，就是"局部细微差异"和"施以一般注意力不能察觉到的局部的细微差异"的不同要求。

在专利权评价报告中，判断被评价专利是否与对比设计构成"区别点仅在于局部细微变化"时，应当以被评价专利的外观设计所包含的设计要素为准进行比较。由于设计要素（形状、图案、色彩）对比中的绝大部分仅涉及形状与图案的对比，下文将通过列举单纯形状对比、单纯图案对比、形状与图案结合对比三种情况的案例，来具体说明评价报告中"区别点仅在于局部细微变化"的判断。

（1）单纯形状对比。

当被评价专利为单纯形状要素的设计时，应重点将对比设计的形状与被评价专利的形状进行对比。

【案例 53】

在产品名称为"LED 台灯（IM888A）"（申请号：201530048200. X，法律状态：专利权维持）的专利权评价报告中，被评价专利（见图 2 - 53 - 1）为一款 LED 台灯的设计。对比设计（见图 2 - 53 - 2）的公告日在被评价专利的申请日之前，也为一款 LED 台灯的设计，属于与被评价专利相同种类的现有设计。被评价专利为单纯形状要素的设计，故仅将对比设计的形状要素与其进行对比。两者区别点仅在于灯杆中部的屏幕形状设计。此区别点虽然较为明显，但是由于其在整体设计中所占比例较小，故其变化不足以对整体视觉效果产生显著影响，属于局部细微变化。因此，被评价专利不符合《专利法》第 23 条第 2 款的规定。

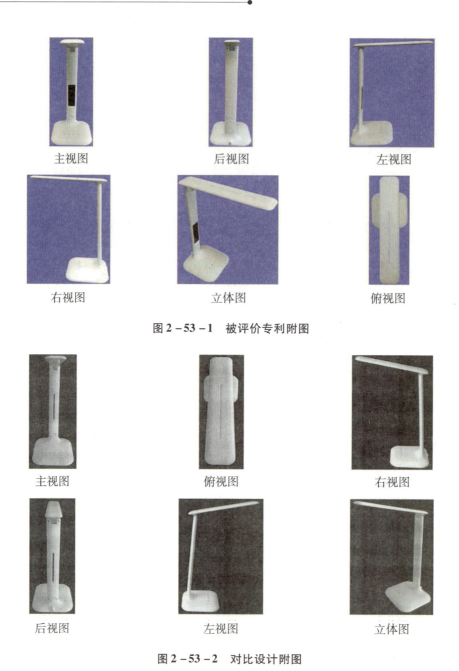

图 2-53-1　被评价专利附图

图 2-53-2　对比设计附图

【案例54】

在产品名称为"汽车"（申请号：201530198488.9，法律状态：未缴年费终止失效）的专利权评价报告中，被评价专利（见图 2-54-1）为一款汽车的设计。对比设计（见图 2-54-2）的公告日在被评价专利的申请日之前，也为一款汽车的设计，属于与被评价专利相同类别的现有设计。被评价专利设计要素为形状，不包含图案设计，故主要将对比设计形状要素与其进行对比，不包含车内部物件，两者在形状上的区别点在于：①车门边缘及车门拉手的形状略有不同；②车头、车尾处格栅旁的圆形设计及格栅内部样式设计不同；③车轮轮辐数量、形状略有不同。二者区别点虽然较多，但由于汽车类产品造型比较丰富，设计点多，设计空间较大。从汽车设计的整体看，所列的三点区别点所占比例较小，其变化不足以对整体视觉效果产生显著影响，均属于局部细微变化。因此，被评价专利不符合《专利法》第23条第2款的规定。

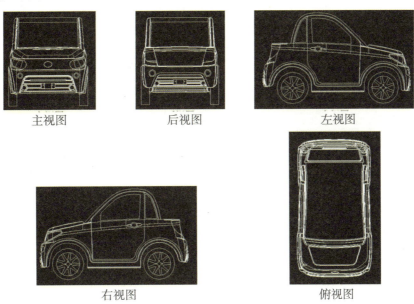

图 2 – 54 – 1　被评价专利附图

图 2 – 54 – 2　对比设计附图

（2）单纯图案的对比。

若被评价专利为无限定边界的平面产品，则在不请求保护色彩要素的前提下，其仅为图案要素的设计，应仅将对比设计的图案与被评价专利的图案进行对比。

【案例55】

在产品名称为"布料（内裤）"（申请号：201430234649.0，法律状态：专利权维持）的专利权评价报告中，被评价专利（见图2-55-1）为一款布料的设计。对比设计（见图2-55-2）的公告日在被评价专利的申请日之前，也为一款布料的设计，属于与被评价专利相同类别的现有设计。被评价专利未请求保护色彩，设计要素为图案，仅将对比设计图案要素与其进行对比。两者区别点仅在于：①心形的形状略有不同，对比设计的心形明显较扁；②单元图案排列方式不同，被评价专利整体上横竖的心形图案之间均有圆点横竖排列的间隔行，而对比设计心形和圆点间隔排列。对于布料类产品而言，其单元图案的整体视觉效果变化属于一般消费者关注的重点，即使都采用心形和圆点为基本设计元素，仍具有较大的设计空间。被评价专利和对比设计无论是单元图案的元素，还是心形和圆点图案元素之间间隔排列的方式均相同，而涉及的区别点①和区别点②，相比整体心形图案与圆点排列的视觉效果，均属于局部的细微差异，对整体视觉效果不构成显著影响。因此根据整体观察、综合判断的原则，对被评价专利的一般消费者而言，被评价专利和对比设计不具有明显区别。因此，被评价专利不符合《专利法》第23条第2款的规定。

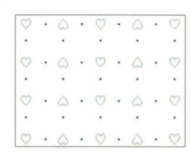
主视图

图2-55-1　被评价专利附图

主视图

图2-55-2　对比设计附图

（3）形状与图案相结合的对比。

当被评价专利为形状和图案相结合的设计时，就需要在与对比设计的对比中权衡两要素，根据产品的现有设计状况及设计空间进行综合考虑。

【案例56】

在产品名称为"轮胎（CM568）"（申请号：201430035241.0，法律状态：专利权维持）的专利权评价报告中，被评价专利（见图2-56-1）为一款轮胎的设计。对比设计（见图2-56-2）的公告日在被评价专利的申请日之前，也为一款轮胎的设计，属于与被评价专利相同种类的现有设计。被评价专利设计要素为形状与图案，故仅将对比设计形状、图案要素与其进行对比。虽然两者粗细比例略有不同，但是由于其形状均为轮胎类产品领域内的惯常设计，故重点对比二者表面的花纹图案。两者区别点在于：①被评价专利胎面中心有一圈凹线，而对比设计没有该设计；②具体胎纹略有差别，被评价专利重复图案半圆形上部外侧有一条短线，而对比设计没有该设计，被评价专利的近似半圆形弧线的弯曲弧度较圆润，而对比设计的弯曲弧度较尖锐；③轮胎内圈形状略有不同。

轮胎类产品的整体形状一般都较为相近，但胎面图案形式、图案的排列方式均可以有很大变化，设计空间较大。即使图案同样由弧线和短线组成，其组合形式也是多种多样。对于此类产品的一般消费者而言，会更容易关注产品中轮胎表面的图案形式以及其排列方式的设计差异。从被评价专利与对比设计之间的相同点来看，两者轮胎表面主要图案基本相同，排列布局也一致，特别是弧线组成的近似半圆形及其内部的弧线和短线的排布均属于其产品的主要设计内容。而从两者之间的区别点来看，虽然被评价专利胎面中心有一条凹线，但该凹线设计在现有设计中也较为常见，不足以对产品外观设计整体视觉效果产生显著影响。而被评价专利半圆形上部外侧的短线在整体图案中所占比例较小，在整体胎纹图案的布局、排布非常相近的情况下不足以对产品外观设计整体视觉效果产生显著影响。另外，轮胎侧面内圈的不同相对于整体胎纹布局的相同来说也不足以对产品外观设计整体视觉效果产生显著影响。经整体观察、综合判断，上述区别点对于产品外观设计的整体视觉效果不足以产生显著影响，即被评价专利与对比设计不具有明显区别，被评价专利不符合《专利法》第23条第2款的规定。

主视图

左视图

立体图

A-A局部放大图

图2-56-1　被评价专利附图

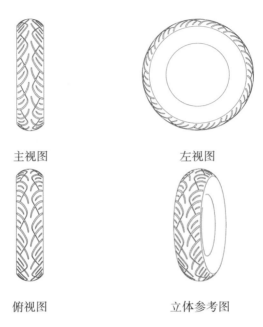

主视图　　　　　　　　　　左视图

俯视图　　　　　　　　　　立体参考图

图 2 - 56 - 2　对比设计附图

【案例57】

在产品名称为"电动车"（申请号：201430364700. X，法律状态：专利权维持）的专利权评价报告中，被评价专利（见图 2 - 57 - 1）为一款电动车的设计。对比设计（见图 2 - 57 - 2）的公告日在被评价专利的申请日之前，也为一款电动车的设计，属于与被评价专利相同种类的现有设计。被评价专利未请求保护色彩，设计要素为形状与图案，故仅将对比设计形状、图案要素与其进行对比。

被评价专利与对比设计相比，区别点主要在于：①被评价专利和对比设计前后围板总成表面的图案设计不同，被评价专利带有脸谱图案设计，而对比设计均为小碎花图案设计；②被评价专利和对比设计后靠背整体形状设计略有不同。

电动车是一种常见的交通工具，具有较大的设计空间。产品之间的区别在于整体造型以及各个部分的具体结构设计，对此一般消费者应该具有一定的了解和相应的认知。从现有设计来看，在电动车覆盖件上贴有装饰图案属于本领域内的一种惯常设计，而被评价专利和对比设计在后背靠形状的设计差别属于局部的细微变化，所以被评价专利和对比设计在整体外形相同且各个具体部分的结构、形状和相互位置亦十分相近的前提下，被评价专利和对比设计在后靠背形状的局部细微变化以及覆盖件表面的贴花装饰的区别对整体视觉效果均不能产生显著的影响，因此，被评价专利与对比设计属于不具有明显区别的外观设计。综上所述，被评价专利不符合《专利法》第 23 条第 2 款的规定。

俨视图　　　　　　　　后视图　　　　　　　　右视图

主视图　　　　　　　　主视图　　　　　　　　立体图

图 2 - 57 - 1　被评价专利附图

俨视图　　　　　　　　后视图　　　　　　　　右视图

主视图　　　　　　　　左视图　　　　　　　　立体图

图 2 - 57 - 2　对比设计附图

【案例58】

　　在产品名称为"纸箱（1）"（申请号：201330307630. X，法律状态：专利权维持）的专利权评价报告中，被评价专利（见图 2 - 58 - 1）为一款纸箱的设计。对比设计（见图 2 - 58 - 2）为一款包装盒的设计，与被评价专利均为包装类产品，其公告日在被评价专利的申请日之前，可作为与被评价专利相同种类的现有设计。被评价专利未请求保护色彩，设计要素为形状、图案，故仅将对比设计形状、图案要素与其进行对比。由于两者形状均为本领域内常见的长方体设计，故主要对比图案设计。

两者区别点在于：①比例略有不同；②正面左上和侧面文字部分略有区别；③正面的右部部分图案略有不同。包装类产品形状大多为长方体，表面图案设计丰富多样，可以有较大的设计空间，因此在这类产品对比中，应更为关注图案的设计区别。此案例中，两设计的各面图案基本相同，文字排布方式也基本相同，区别点在整体设计来看所占比例较小，因此均为局部细微变化，对整体视觉效果均不能产生显著的影响，被评价专利与对比设计属于不具有明显区别的外观设计，被评价专利不符合《专利法》第23条第2款的规定。

右视图

主视图

左视图

后视图

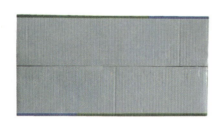

仰视图

立体图

俯视图

图 2-58-1　被评价专利附图

主视图

左视图

俯视图

图 2 - 58 - 2　对比设计附图

3.2　设计特征的组合

根据《专利法》第 23 条第 2 款的规定，授予专利权的外观设计与现有设计或者现有设计特征的组合相比，应当具有明显区别。被评价专利与现有设计或者现有设计特征的组合相比不具有明显区别的情形之一为"被评价专利是由现有设计或者现有设计特征组合得到的，所述现有设计与被评价专利的相应设计部分相同或者仅有细微差别，且该具体的组合手法在相同或者相近种类产品的现有设计中存在启示。上述组合后产生独特视觉效果的除外"。

组合包括拼合和替换，是指将两项或者两项以上设计或者设计特征拼合成一项外观设计，或者将一项外观设计中的设计特征用其他设计特征替换。以一项设计或者设计特征为单元重复排列而得到的外观设计属于组合设计。上述组合也包括采用自然物、自然景象以及无产品载体的单纯形状、图案、色彩或者其结合进行的拼合和替换。

判断被评价专利是否与现有设计的组合相比有明显区别时，应当按照"确定对象—分别对比—寻找启示"的步骤进行判断。对于不属于明显存在启示的情况，还应寻找现有设计中是否存在具体的组合手法的启示。

3.2.1　组合对比的步骤

在判断现有设计及其特征的组合时，通常可以按照以下步骤进行判断：

（1）确定现有设计的内容，包括形状、图案、色彩或者其结合；

（2）将现有设计或者现有设计特征与被评价专利对应部分的设计进行对比；

（3）在现有设计或者现有设计特征与被评价专利对应部分的设计相同或者仅存在细微差别的情况下，判断在与被评价专利相同或者相近种类产品的现有设计中是否存在具体的组合手法的启示。

如果存在上述启示，则二者不具有明显区别，产生独特视觉效果的除外。

独特视觉效果，是指被评价专利相对于现有设计产生了预料不到的视觉效果。在组合后的外观设计中，如果各项现有设计或者设计特征在视觉效果上并未产生呼应关系，而是各自独立存在、简单叠加，通常不会形成独特视觉效果。外观设计如果具有独特视觉效果，则与现有设计或者现有设计特征的组合相比具有明显区别。

这里应当注意的是：应当首先将现有设计或者现有设计特征与被评价专利对应部分的设计进行对比，确定现有设计或者现有设计特征与被评价专利对应部分的设计相同或者仅存在细微差别的情况下，再对组合方式以及启示情况进行判断。此步骤与一般消费者对产品的认知过程相同，便于合理对比分析。

【案例59】

在产品名称为"洽谈桌（S－121H）"（申请号：201530136766.8，法律状态：等年费滞纳金）的专利权评价报告中，被评价专利（见图2－59－1）为一款桌子的设计。

第一步，确定对比文件。

对比设计1（见图2－59－2）以及对比设计2（见图2－59－3）均为桌子的设计，与被评价专利属于相同种类的现有设计。两个对比设计的公告日均在被评价专利的申请日之前。

第二步，将被评价的外观设计专利分别与两个对比设计相应的设计特征进行比较。

将被评价专利与对比设计1进行对比可知，两者桌面的形状基本相同，均为类似三角形的圆角平板，桌面也都是木纹图案；桌腿的位置和方向设置也类似，只是桌腿形状不同。

将被评价专利的桌腿与对比设计2的桌腿进行对比可知，二者桌腿的结构基本相同。桌腿均分为上下两段，下段约为上段的1/5；桌腿横截面为矩形；底端有一小凸起结构；桌腿朝地面方向为向外倾斜。

被评价专利桌腿与对比设计2的桌腿的区别点主要在于：被评价专利有三条桌腿，对比设计2有四条桌腿，比例略有不同。

第三步，进行分析，得出结论。

从检索到的现有设计情况来看，桌子类产品有多种多样的设计，木纹是常见的饰面材料，类似三角形桌面、三条腿的桌子设计也较为常见，但是桌子在桌面和桌腿具体部位的形状设计上各有不同，尤其桌腿具有较大的设计空间。被评价专利桌面与对比设计1的桌面形状设计基本相同，桌腿的位置和方向设置也类似，其区别主要在于桌腿形状的不同。被评价专利桌腿与对比设计2的桌腿的形状设计基本相同，虽然比例略微不同，但属于局部细微差异，另外，对比设计2的桌腿数虽然不同，但是根据已检索的现有设计可知，被评价专利的三条腿及桌腿下方朝外倾斜的设计属于常见的设计。因此，将对比设计1的桌腿用对比设计2桌腿替换后作细微变化即可得到被评价专利的外观设计。被评价专利与对比设计1、对比设计2均属于相同种类产品，此种替换是将产品外观设计的设计特征用另一项相同种类产品的设计特征作细微变化后替换得到的外观设计，且没有产生独特视觉效果，而且此种替换属于明显存在组合手法启示的情形，由此得到的外观设计属于与现有设计特征的组合相比没有明显区别的外观设计。

综上所述，被评价专利与对比设计1桌面和对比设计2桌腿组合后的外观设计不具有明显区别，被评价专利不符合《专利法》第23条第2款的规定。

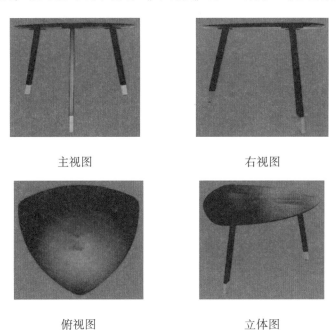

主视图　　　　　　　　　　　　　右视图

俯视图　　　　　　　　　　　　　立体图

图2－59－1　被评价专利附图

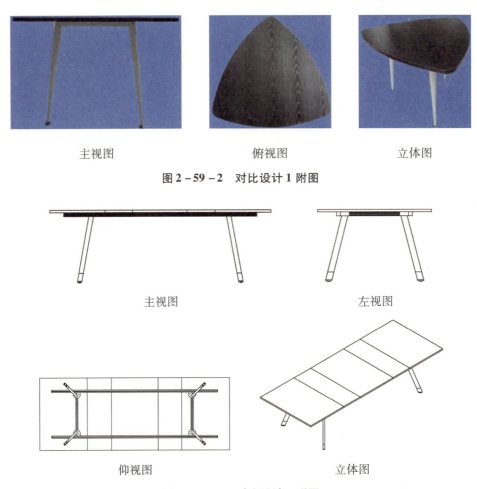

主视图　　　　　　　　　俯视图　　　　　　　　　立体图

图 2 - 59 - 2　对比设计 1 附图

主视图　　　　　　　　　　　　　　　左视图

仰视图　　　　　　　　　　　　　　　立体图

图 2 - 59 - 3　对比设计 2 附图

3.2.2　明显存在组合手法的启示的情形

以下几种类型的组合属于明显存在组合手法的启示的情形，由此得到的外观设计属于与现有设计或者现有设计特征的组合相比没有明显区别的外观设计。

（1）将相同或者相近种类产品的多项现有设计原样或者作细微变化后进行直接拼合得到的外观设计。例如，将多个零部件产品的设计直接拼合为一体形成的外观设计。

（2）将产品外观设计的设计特征用另一项相同或者相近种类产品的设计特征原样或者作细微变化后替换得到的外观设计。

（3）将产品现有的形状设计与现有的图案、色彩或者其结合通过直接拼合得到该产品的外观设计；或者将现有设计中的图案、色彩或者其结合替换成其他现有设计的图案、色彩或者其结合得到的外观设计。

上述情形中产生独特视觉效果的除外。

【案例60】

在产品名称为"椅（2203）"（申请号：201230083093.0，法律状态：等年费滞纳金）的专利权评价报告中，被评价专利（见图2－60－1）为一款椅子的设计。对比设计1（见图2－60－2）以及对比设计2（见图2－60－3）的公告日均在被评价专利的申请日之前，也为椅子的设计，均属于与被评价专利相同种类的现有设计。

比较被评价专利和对比设计1，二者的主要相同点在于：（1）座位部位结构及比例相同，均为椅座及椅背组成，且两者在底端后部处相连接，侧面看成直角；（2）椅座具体形状相同，均大致为椭圆形，两端弯曲上翘包围；（3）椅背具体形状相同，均大致为椭圆形，两端弯曲向前包围。

二者的区别点主要在于：（1）表面材质不同，被评价专利内侧表面为软面，外侧表面为硬面，对比设计1内外表面均为软面；（2）椅腿不同，被评价专利为单根圆柱形较高椅腿，下部为圆形脚，对比设计1为单根圆柱形较矮椅腿，下部为"十"形脚。

比较被评价专利的椅腿和对比设计2的椅腿，二者均为单根圆柱形较高椅腿，表面较为光滑无图案，下部有一椭圆形轮廓的脚踏，底部为圆形脚。二者的区别仅在于椅腿顶部升降杆的有无，被评价专利左侧有升降杆，对比设计2没有升降杆。

从检索到的现有设计情况来看，椅类产品形状差异较大，对于此类产品的一般消费者而言，椅子的整体形状、比例，椅座、椅背的形状、构造，椅腿的形状、粗细比例，椅脚的形状等均是关注的重点。被评价专利与对比设计1的区别点（1），属于产品表面材质的不同，且该不同导致产品表面设计的变化属于局部细微变化。除上述不同点之外，对比设计1与被评价专利座位部位基本相同。被评价专利的椅腿和对比设计2的椅腿，仅仅是有无升降杆的区别，相对于整个椅腿而言，升降杆的有无属于细微变化。在此基础上，以对比设计2椅腿部分作细微变化后替换对比设计1椅腿部分，即可得到被评价专利的外观设计。此种替换是将产品外观设计的设计特征用另一项相同种类产品的设计特征作细微变化后替换得到的外观设计，且没有产生独特视觉效果，属于明显存在组合手法启示的情形。由此得到的外观设计属于与现有设计特征的组合相比没有明显区别的外观设计。

综上所述，被评价专利是由现有设计特征组合得到的，所述现有设计与被评价专利的相应设计部分仅有细微差别，且上述替换明显存在组合手法的启示，因此，被评价专利与对比设计1、对比设计2的设计特征组合相比不具有明显区别，被评价专利不符合《专利法》第23条第2款的规定。

主视图　　　　　　左视图　　　　　　俯视图　　　　　　立体图

图 2 – 60 – 1　被评价专利附图

主视图　　　　　　左视图　　　　　　俯视图　　　　　　立体图

图 2 – 60 – 2　对比设计 1 附图

主视图　　　　　　　　左视图　　　　　　　　立体图

图 2 – 60 – 3　对比设计 2 附图

【案例 61】

在产品名称为"音响（T – 2096）"（申请号：201430414994.2，法律状态：等年费滞纳金）的专利权评价报告中，被评价专利（见图 2 – 61 – 1）为一款音响的设计。对比设计 1（见图 2 – 61 – 2）以及对比设计 2（见图 2 – 61 – 3）的公告日均在被评价专利的申请日之前，也为音响的设计，均属于与被评价专利相同种类的现有设计。

比较被评价专利和对比设计1，二者的主要相同点在于：（1）整体形状基本相同，均为中部收腰的圆柱体；（2）圆弧形外凸结构基本相同，且表面均有两个圆孔按钮，按钮样式分别相同；（3）顶端形状样式相同；（4）底部形状样式基本相同。不同点在于：两者中部柱体表面样式不同，被评价专利表面有凹凸，对比设计1表面平直。

比较被评价专利和对比设计2，二者的主要相同点在于：中部柱体表面凹凸样式基本相同。区别点在于：整体形状样式不同，上下面具体细节不同。

从检索到的现有设计状况来看，音响类产品外观造型多种多样，虽然类似圆柱体的产品整体设计较为常见，但是整体形状设计、各部分具体样式细节均存在较大变化，属于一般消费者关注的焦点。对于被评价专利而言，除中部柱体表面凹凸样式不同外，其余设计与对比设计1整体形状几乎相同，而中部柱体表面凹凸样式与对比设计2的外表面样式基本相同，因此，可认为被评价专利是将对比设计1的形状和对比设计2上部圆柱体表面设计进行相应局部细微变化后直接拼合得到的外观设计，未产生独特的视觉效果，此种组合属于明显不需要启示的情形，因此，被评价专利与对比设计1、对比设计2的设计特征组合相比不具有明显区别，被评价专利不符合《专利法》第23条第2款的规定。

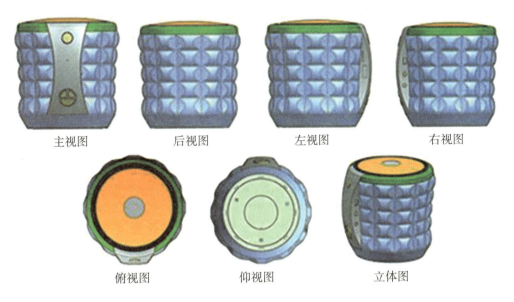

主视图　　　　后视图　　　　左视图　　　　右视图

俯视图　　　　仰视图　　　　立体图

图 2 - 61 - 1　被评价专利附图

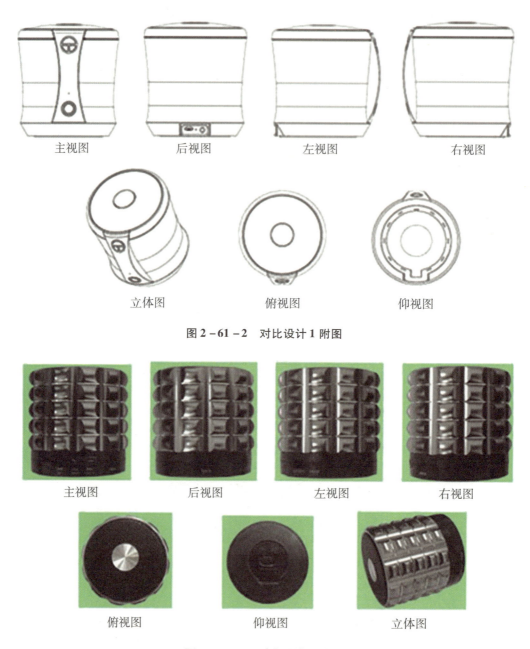

图 2 - 61 - 2　对比设计 1 附图

图 2 - 61 - 3　对比设计 2 附图

3.2.3　组合手法需要启示的情形

除了以上几种明显存在组合手法启示的情形外，其他情形均需要寻找现有设计中存在的启示。不同种类产品间进行组合时，需要寻找这种组合的启示，以表明这种组合的手法在该领域产品的设计中使用过，不是在被评价专利的产品上首次使用的设计手法。

【案例 62】

在产品名称为"脚部按摩器（甲壳虫）"（申请号：201330405964.0，法律状态：专利权维持）的专利权评价报告中，被评价专利（见图 2-62-1）为一款按摩器的设计。对比设计 1（见图 2-62-2）以及对比设计 2（见图 2-62-3）的公告日均在被评价专利的申请日之前，也为按摩器的设计，均属于与被评价专利相同种类的现有设计。同时，评价报告中使用到了自然界瓢虫的样式（见图 2-62-4）。

对比设计 1 整体呈近似半球型。从主视图看，其前半部并排有两个用于放置脚的放置口，呈近似水滴形，两个放置口之间有一个两端为圆弧形的长条凹槽，内有四个圆形按键。底部有四个支脚。

比较被评价专利与对比设计 1，二者的相同点主要在于：（1）产品整体形态基本相同，均呈近似半球型；（2）各部分结构相同，放置口、按键区、支脚等局部形态基本相同。

比较被评价专利与对比设计 1，二者的区别点主要在于：表面图案不同。被评价专利壳体上表面图案、色彩为模仿瓢虫背部花纹图案和色彩，呈红色底色并分布有黑色圆形斑点，下表面为黑色，模仿瓢虫腹部色彩。对比设计 1 壳体表面为纯色无图案。

自然界中瓢虫的色彩以及背部花纹均能呈现出被评价专利壳体表面的样式，二者的图案、色彩基本相同，主要区别在于：二者黑色斑点图案的分布和大小存在一定差别。但是上述区别对于"一般消费者"而言属于细微差别，且未能产生独特的视觉效果，根据被评价专利的视图能够准确判断出其表面图案、色彩为模仿瓢虫的花纹和色彩。

对比设计 2 为按摩器（甲虫）（CN302193099.S）的授权公告日为 2012 年 11 月 21 日，早于被评价专利的申请日。对比设计 2 与被评价专利均为按摩器类的外观设计，产品用途相同，属于相同种类产品的外观设计，只是二者的功能和使用方式不同，被评价专利属于电动式脚部按摩器，对比设计 2 则属于手持式按摩器。对比设计 2 的整体造型模仿了瓢虫的形态，产品表面也使用了瓢虫背部的花纹和色彩，即按摩类产品采用了模仿瓢虫的仿真设计。因此，对比设计 2 可以作为被评价专利以现有设计的形状与自然界瓢虫的图案、色彩组合的启示。

从现有设计状况来看，此类置入式脚部按摩器的基本结构相近，但在整体形态及各部分结构的形态上均可以作出较多变化，这些部位存在的差异能够对产品的整体视觉效果产生显著影响，从而引起一般消费者的注意。

通过对比设计 2 的启示，将被评价专利与对比设计 1 和作细微变化后的自然界瓢虫的图案、色彩组合即可得到被评价专利。因此，被评价专利不符合《专利法》第23条第2款的规定。

综上所述，被评价专利与对比设计1和自然界瓢虫图案、色彩组合后的设计相比不具有明显区别，被评价专利不符合《专利法》第23条第2款的规定。

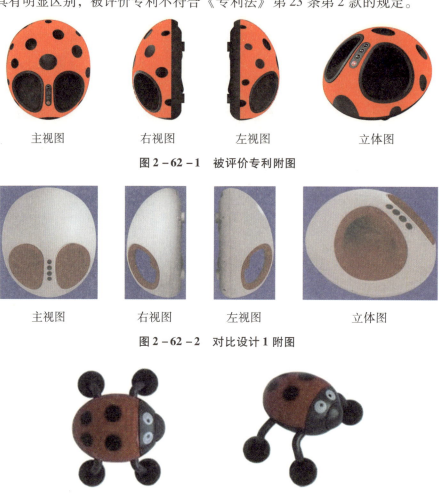

| 主视图 | 右视图 | 左视图 | 立体图 |

图 2 - 62 - 1　被评价专利附图

| 主视图 | 右视图 | 左视图 | 立体图 |

图 2 - 62 - 2　对比设计 1 附图

| 主视图 | 立体图 |

图 2 - 62 - 3　对比设计 2 附图

图 2 - 62 - 4　瓢虫图片

3.2.4　拼合与替换

组合包括拼合和替换，是指将两项或者两项以上设计或者设计特征拼合成一项外观设计，或者将一项外观设计中的设计特征用其他设计特征替换。

拼合与替换看起来不同，有些案例中只能使用拼合手法将两个对比设计进行组合；有些案例中只能使用替换手法将两个对比设计进行组合；但是有时在某些案例中，两个对比设计进行组合时，既可以使用拼合也可以使用替换，最终效果相同。

以下将用各类型的具体案例进行说明。

（1）只能使用拼合手法的情况。

【案例63】

在产品名称为"手环（001）"（申请号：201530083553.3，法律状态：未缴年费终止失效）的专利权评价报告中，被评价专利（见图2-63-1）为一款手环的设计。对比设计1（见图2-63-2）的公告日在被评价专利的申请日之前，也为手环的设计，属于与被评价专利相同类别的现有设计。对比设计2（见图2-63-3）为美国国旗图案。

被评价专利的形状与对比设计1的相同点在于：①展开后均为带状，形状基本相同；②显示区相同；③腕带部分相同。

两者的区别点在于：被评价专利内侧长方形凹槽上下两端各有一个小圆形结构，对比设计1无此结构。该区别点在产品内侧，且相对于整体形状所占比例极小，属于极其细微的差异。

被评价专利表面的图案与对比设计2表面的图案相同，均为美国国旗图案：星状图案和条状图案。

被评价专利是由对比设计1的形状作细微变化与对比设计2的图案直接拼合得到的。此种拼合是将产品现有的形状设计与现有的图案通过直接拼合得到的外观设计且没有产生独特视觉效果，属于明显存在组合手法启示的情形，由此得到的外观设计属于与现有设计或者现有设计特征的组合相比没有明显区别的外观设计。

综上所述，被评价专利是由现有设计特征组合得到的外观设计，与现有设计特征的组合相比，不具有明显区别，因此，被评价专利不符合《专利法》第23条第2款的规定。

这里由于对比设计1没有图案，故无法使用对比设计2的图案替换其图案区，只能使用拼合的手法。

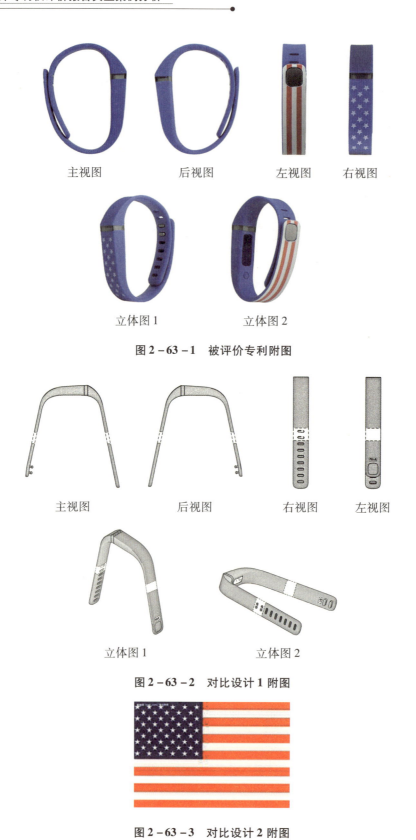

主视图　　　　后视图　　　　左视图　　　　右视图

立体图 1　　　　　　立体图 2

图 2 - 63 - 1　被评价专利附图

主视图　　　　后视图　　　　右视图　　　　左视图

立体图 1　　　　　　立体图 2

图 2 - 63 - 2　对比设计 1 附图

图 2 - 63 - 3　对比设计 2 附图

（2）只能使用替换手法的情况。

【案例 64】

在产品名称为"方向盘套（C－1）"（申请号：201430355540.2，法律状态：未缴年费终止失效）的专利权评价报告中，被评价专利（见图 2－64－1）为一款方向盘套的设计。对比设计 1（见图 2－64－2）的公告日在被评价专利的申请日之前，也为方向盘套的设计，属于与被评价专利相同种类的现有设计。对比设计 2（见图 2－64－3）的公告日在被评价专利的申请日之前，为一款花布的设计，属于与被评价专利不同类别的现有设计。

对比设计 1 与被评价专利形状相同，表面图案区域分割方式相同，两个净面图案样式相同，区别在于净面图案的颜色和非净面区域图案；对比设计 2 与被评价专利的格子图案相同。

被评价专利是由对比设计 2 中"正方形黑白方格图案"替换对比设计 1 中"黑白相间条纹图案"后得到的。

从现有设计状况来看，方向盘套产品造型设计繁多，产品表面可以采用多种分割、分区方式，产品表面装饰图案也种类繁多。而方形格子图案题材的设计非常常见，图案细节设计区别也非常大——如发散形的格子、内带图案的格子等。色彩搭配的不同对产品整体视觉效果没有显著影响。此种组合是将现有设计中的图案、色彩或者其结合替换成其他现有设计的图案、色彩或者其结合得到的外观设计，且没有产生独特视觉效果，该组合属于明显存在组合手法启示的情形，由此得到的外观设计属于与现有设计或者现有设计特征的组合相比没有明显区别。即被评价专利是由现有设计特征组合得到的外观设计，与现有设计特征的组合相比，不具有明显区别。

被评价专利是由现有设计特征组合得到的外观设计，与现有设计特征的组合相比，不具有明显区别，因此，被评价专利不符合《专利法》第 23 条第 2 款的规定。

由于被评价外观设计专利是形状与图案的结合，表面图案有固定的区域且属于不可拆分的设计特征，而对比设计 2 仅为图案的设计，如果与对比设计 1 的形状直接拼合，由于拼合的位置和面积多样，可以得到多种拼合的设计，故对于本案而言只能采用替换的手法。

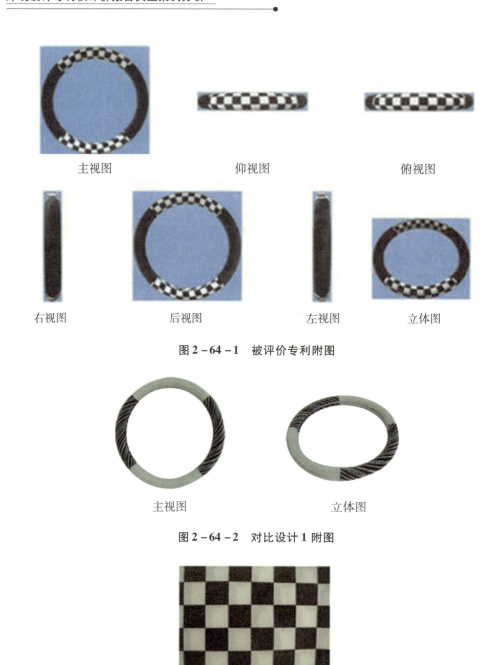

图 2 - 64 - 1　被评价专利附图

主视图　　　　　立体图

图 2 - 64 - 2　对比设计 1 附图

主视图

图 2 - 64 - 3　对比设计 2 附图

【案例 65】

在产品名称为"红外线测温仪"（申请号：201430289604.3，法律状态：专利权维持）的专利权评价报告中，被评价专利（见图 2 - 65 - 1）为一款测温仪的设计。对比设计1（见图2-65-2）以及对比设计2（见图2-65-3）的公告日均在被评价专利的申请日之前，也为测温仪的设计，均属于与被评价专利相同种类的现有设计。

被评价专利与对比设计1的整体形状、比例相同，枪体凹陷、屏幕、按钮以及握把结构相同。手握处样式不同，枪体前部的圆孔外部和扳机两侧线条略有不同，对比设计1未显示底面样式。

被评价专利与对比设计2的握把手握处表面均有近似3个圆部分重叠形成的凹陷。

被评价专利可视为将对比设计1握把的手握处的设计特征用对比设计2相应位置的凹陷进行替换后得到的外观设计。

就现有设计状况来看，红外线测温仪类产品的结构组成较为常见，形状也有类似长方体形和类似枪形等多种形状，即使同为枪形，枪体、握把以及显示屏部位的形状与凹陷设计也多种多样。对于一般消费者来说，会更注意该类产品枪体、握把以及显示屏部位的形状与表面凹陷设计，其枪体前部的圆孔外部和扳机两侧线条的区别点仅属于细微变化，且底部属于不容易看到的部位，因此，区别点均对整体视觉效果没有显著影响。

被评价专利是将产品外观设计的设计特征用另一项相同种类产品的设计特征作细微变化后替换得到，且没有产生独特视觉效果，因此该替换属于明显存在组合手法启示的情形。因此，被评价专利不符合《专利法》第23条第2款的规定。

本案同样由于需要组合的位置固定，且为手柄的一部分，故只能采用设计特征替换的手法。

主视图　后视图　右视图　立体图1　立体图2

图2-65-1　被评价专利附图

主视图　　　　　左视图　　　　　后视图　　　　　立体图

图 2 - 65 - 2　对比设计 1 附图

主视图　　　　　　左视图　　　　　　后视图

图 2 - 65 - 3　对比设计 2 附图

（3）既可以使用拼合手法也可以使用替换手法的情况。

一些情况下，被评价专利是由两个现有设计的两部分组合而成，这时既可以将两部分直接拼合，也可以将一个现有设计的其中一部分用另一项设计的相应部位替换，两种手法均可以得到与被评价专利没有明显区别的设计。

【案例 66】

在产品名称为"光催化捕蚊器"（申请号：201430168985. X，法律状态：等年费滞纳金）的专利权评价报告中，被评价专利（见图 2 - 66 - 1）为一款捕蚊器的设计。对比设计 1（见图 2 - 66 - 2）以及对比设计 2（见图 2 - 66 - 3）的公告日均在被评价专利的申请日之前，也为捕蚊器的设计，均属于与被评价专利相同种类的现有设计。

被评价专利上半部分与对比设计 1 上半部分相比，整体形状基本相同，仅在盖顶中央存在细小区别和发生装置有无文字的区别。

被评价专利设计下半部分收纳装置与对比设计 2 下半部分收纳装置相比，整体形状、四周样式、底部支脚样式均相同。

从现有设计状况来看，此类产品整体结构大多由顶盖、发生装置及收纳装置组成。但是不同产品的顶盖形状与结构、发生装置的形状、收纳装置的结构等差别较大，其设计变化通常能引起一般消费者的关注，对产品的整体视觉效果具有显著影响。将被评价专利与对比设计 1 下半部分由对比设计 2 下半部分收纳装置替换后得到的外观设计相比（此种属于明显存在组合手法启示），由于顶盖顶面文字的差异属于细微差异，不足以对产品整体视觉效果产生显著影响，且未产生独特的视觉效果。

综上所述，就此类产品的一般消费者而言，被评价专利与对比设计 1 下半部分由对比设计 2 下半部分收纳装置替换后得到的外观设计相比不具有明显区别，因此，被评价专利与对比设计 1 和对比设计 2 的设计特征组合相比不具有明显区别，不符合《专利法》第 23 条第 2 款的规定。

同时，此种对比中，被评价专利也可以视为将对比设计 1 上半部分与对比设计 2 下半部分直接拼合得到的设计（此种属于明显存在组合手法启示），同样地，被评价专利与对比设计 1 上半部分和对比设计 2 下半部分收纳装置拼合后得到的外观设计相比不具有明显区别，因此，被评价专利与对比设计 1 和对比设计 2 的设计特征组合相比不具有明显区别，不符合《专利法》第 23 条第 2 款的规定。

主视图　　　　　　　后视图　　　　　　　俯视图　　　　　　　立体图

图 2 - 66 - 1　被评价专利附图

主视图　　　　　　　后视图　　　　　　　俯视图　　　　　　　立体图

图 2 - 66 - 2　对比设计 1 附图

主视图　　　　　　后视图　　　　　　俯视图　　　　　　立体图

图 2－66－3　对比设计 2 附图

3.3　设计的转用

根据《专利法》第 23 条第 2 款的规定，授予专利权的外观设计与现有设计或者现有设计特征的组合相比，应当具有明显区别。

被评价专利与现有设计或者现有设计特征的组合相比不具有明显区别包括三种情形，其中第二种为：被评价专利是由现有设计转用得到的，二者的设计特征相同或者仅有细微差别，且该具体的转用手法在相同或者相近种类产品的现有设计中存在启示。应当注意的是，转用后产生独特视觉效果的除外。

现有设计转用的判断步骤可参考上文 3.2.1 组合对比的判断步骤。

3.3.1　不需要启示的情形

转用，是指将产品的外观设计应用于其他种类的产品。模仿自然物、自然景象以及将无产品载体的单纯形状、图案、色彩或者其结合应用到产品的外观设计中，也属于转用。以下几种类型的转用属于明显存在转用手法的启示的情形，由此得到的外观设计与现有设计相比不具有明显区别：

（1）单纯采用基本几何形状或者对其仅作细微变化得到的外观设计；

（2）单纯模仿自然物、自然景象的原有形态得到的外观设计；

（3）单纯模仿著名建筑物、著名作品的全部或者部分形状、图案、色彩得到的外观设计；

（4）由其他种类产品的外观设计转用得到的玩具、装饰品、食品类产品的外观设计。

上述情形中产生独特视觉效果的除外。

【案例 67】

在产品名称为"工艺花灯（玫瑰）"（申请号：201230165242.8，法律状态：未缴年费终止失效）的专利权评价报告中，被评价专利（见图 2－67－1）属于单纯模仿自然物——玫瑰花原有形态得到的外观设计，此转用属于上述明显存在转用手法启示的情形中的类型（2），且未产生独特视觉效果，所以被评价专利与自然物相比不具有明显区别，不符合《专利法》第23条第2款的规定。

图2-67-1　本专利附图

【案例68】

在产品名称为"玫瑰花拉手"（申请号：201430378086.2，法律状态：未缴年费终止失效）的专利权评价报告中，对比设计（见图2-68-2）为来源于"昵图网"网站的互联网公开的自然界中的玫瑰花，从上文案例【67】分析中可知，单纯模仿自然物——玫瑰原有形态得到的外观设计属于明显存在转用手法启示的情形中的第（2）种类型，而被评价专利（见图2-68-1）与对比设计中互联网公开的自然界中的玫瑰花相比，区别点主要在于：（1）被评价专利花瓣层数较少，对比设计花瓣层数较多；（2）被评价专利后部为圆台形把手，对比设计未显示后部。

从检索到的现有设计来看，选用花朵造型作为家具拉手在本领域十分常见，花朵造型的家具拉手设计空间较大，花朵的具体形状变化较多，而被评价专利与自然界中的玫瑰花则十分接近。两者的区别点（1）所涉及的花瓣层数，相对于特征显著的旋转排列、外展内收以及外层略反卷的花瓣来说，仅属于局部细微差别，并且，由于不同品种玫瑰花的花瓣由单瓣至重瓣广泛存在，因此自然界中也有瓣数与之相同的花型存在；对于区别点（2）所涉及的产品后部形状，由于该部位在产品安装后属于不容易看到的部位，而容易看到的花朵部分与对比设计极为相似。

综上所述，被评价专利与自然界的玫瑰花转用后的特征相比，仅有细微差异，且没有产生独特视觉效果，此种转用属于明显存在转用手法的启示的情形之一。所以被评价专利与自然物相比不具有明显区别，不符合《专利法》第23条第2款的规定。

主视图　　　　　　　后视图　　　　　　　俯视图　　　　　　　立体图

图 2 - 68 - 1　被评价专利附图

图 2 - 68 - 2　对比设计附图

3.3.2　需要启示的情形

除上述明显存在转用手法启示的情形之外，当现有设计或者现有设计特征与被评价专利对应部分的设计相同或仅有细微差别时，需要判断在与被评价专利相同或者相近种类产品的现有设计中是否存在具体的转用手法的启示，如果存在启示则二者不具有明显区别。

【案例 69】

在产品名称为"马卡龙收纳盒"（申请号：201530000531.6，法律状态：未缴年费终止失效）的专利权评价报告中，对比设计 1（见图 2 - 69 - 2）产品名称为"西点"，对比设计 2（见图 2 - 69 - 3）产品为蛋糕形状的钱罐，对比设计 1 和对比设计 2 均为中国外观设计专利，公告日均在被评价专利的申请日之前，均构成被评价专利的现有设计。

被评价专利未请求保护色彩，从授权文本看，属于单纯形状的外观设计。被评价专利（见图 2 - 69 - 1）与对比设计 1 的马卡龙蛋糕部分整体形状相同，主要区别在于被评价专利的夹心部分比对比设计 1 的夹心部分更规整，该区别点属于细微差别。

分析到这一步可知，现有设计特征与被评价专利的设计仅存在细微差别，那么，下一步就需要判断在与被评价专利相同或者相近种类产品的现有设计中是否存在具体的转用手法的启示。对比设计 2 是纸杯蛋糕形状的钱罐，也属于一种小型收纳盒，且属于被评价专利的现有设计，可以作为食品类产品转用为收纳类产品的启示，因此对比设计 2 构成该具体的转用手法在现有设计中的启示。

综上所述，被评价专利由对比设计1中的马卡龙转用得到，两者的设计特征仅有细微区别，对比设计2可作为该具体的转用手法在现有设计中的启示，且该转用未产生独特视觉效果。因此被评价专利与对比设计1相比不具有明显区别，被评价专利不符合《专利法》第23条第2款的规定。

主视图　　　　　　　　俯视图　　　　　　　　立体图

图 2 − 69 − 1　被评价专利附图

主视图　　　　　　　　俯视图　　　　　　　　立体图

图 2 − 69 − 2　对比设计1附图

主视图　　　　　　　　俯视图　　　　　　　　立体图

图 2 − 69 − 3　对比设计2附图

【案例70】

在产品名称为"气门嘴盖（骰子）"（申请号：201430378086.2，法律状态：未缴年费终止失效）的专利权评价报告中，对比设计1（见图2 − 70 − 2）为用于交通工具悬挂装置接收器的盖子的美国外观设计专利，对比设计2（见图2 − 70 − 3）是产品为骰子的中国外观设计专利，对比设计1和对比设计2的公开日均在被评价专利的申请日之前，均构成被评价专利的现有设计。

被评价专利未请求保护色彩，从授权文本看，属于形状与图案相结合的外观设计。被评价专利（见图2-70-1）与对比设计2的主要区别点在于被评价专利：（1）圆点有细微凹陷；（2）正方体的倒角半径略大；（3）点数"1"所在的面为盖孔。上述区别点在整体设计中所占比例很小，属于局部细微差别。而对比设计1为将骰子类产品的外观设计转用到交通工具部件盖子的启示。

综上所述，被评价专利由对比设计2转用得到，两者的设计特征仅有细微区别，对比设计1可作为该具体的转用手法在现有设计中的启示，且该转用未产生独特视觉效果。因此被评价专利与对比设计2相比不具有明显区别，被评价专利不符合《专利法》第23条第2款的规定。

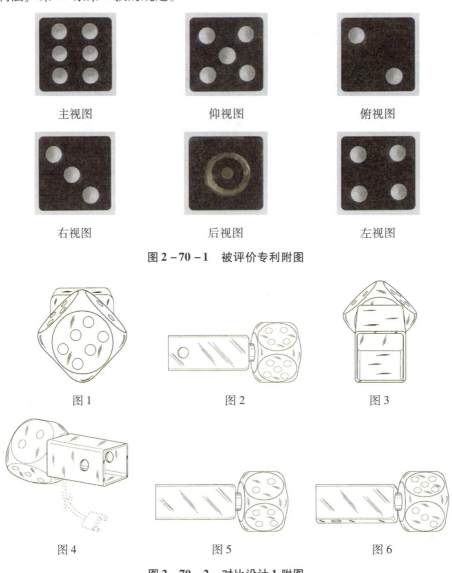

主视图   仰视图   俯视图

右视图   后视图   左视图

图2-70-1 被评价专利附图

图1   图2   图3

图4   图5   图6

图2-70-2 对比设计1附图

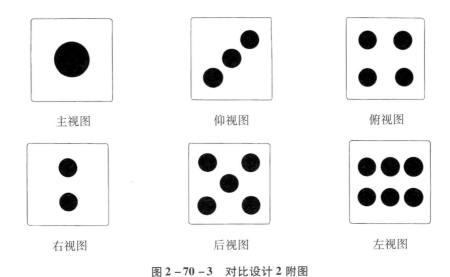

图 2 - 70 - 3 对比设计 2 附图

三、典型法律问题分析

（一）非专利文献公开

根据《专利法》第 23 条第 4 款的规定，现有设计是指申请日（有优先权的，指优先权日）以前在国内外为公众所知的设计。

现有设计包括申请日以前在国内外出版物上公开发表过、公开使用过或者以其他方式为公众所知的设计。

现有设计的时间界限是申请日，享有优先权的，则指优先权日。申请日以前公开的设计内容都属于现有设计，但申请日当天公开的设计内容不包括在现有设计范围内。

现有设计的公开方式包括出版物公开、使用公开和以其他方式公开，均无地域限制。为公众所知的其他方式，主要是指口头公开等，但由于外观设计专利的保护范围以表示在外观设计图片或者照片中的该产品的外观设计为准，并且设计内容也无法通过口头表达，因此对于外观设计来说，现有设计公开方式主要包括出版物公开和使用公开两种。

专利法意义上的出版物是指记载有设计内容的独立存在的传播载体，并且应当表明或者有其他证据证明其公开发表或出版的时间。

符合上述含义的出版物可以是各种印刷的、打字的纸件，例如专利文献、科技杂志、科技书籍、学术论文、专业文献、教科书、技术手册、正式公布的会议记录或者技术报告、报纸、产品样本、产品目录、广告宣传册等；也可以是用电、光、磁、照相等方法制成的视听资料，例如缩微胶片、影片、照相底片、录像带、磁带、唱片、光盘等；还可以是以其他形式存在的资料，例如存在于互联网或其他在线数据库中的资料等。

出版物不受地理位置、语言和获得方式的限制，也不受年代的限制。出版物的出版发行量多少、是否有人阅读过、申请人是否知道是无关紧要的。

印有"内部资料""内部发行"等字样的出版物，确系在特定范围内发行并要求保密的，不属于公开出版物。

出版物的印刷日视为公开日，有其他证据证明其公开日的除外。印刷日只写明年月或者年份的，以所写月份的最后一日或者所写年份的 12 月 31 日为公开日。

如上所述，专利文献公开属于出版物公开。由于目前外观设计专利权评价报告作出时使用的检索系统仅包含专利数据库，并未收录非专利文献，非专利文献检索也并无明确最低检索量要求，因此，目前外观设计专利权评价报告中，对比文献采用最多的是出版物公开方式，而这其中又以专利文献公开最常见，其次是网络出版物公开，而书籍、杂志等其他出版物公开形式受检索方式的限制在外观设计专利权评价报告的实践中较少采用。

1. 网络出版物公开

网络出版物的具体公开方式或者说公开渠道主要包括在网站上以网络文章（包括网络新闻）形式公开，在线交易网站上以评论晒单形式公开，论坛、BBS、贴吧、公告栏、群组讨论等交互式网络社区公开，视频网站上的网络视频公开，微博公开、微信公众平台公开等。

（1）在线交易网站公开。

在线交易网站是网络使用者能够输入意图出售的产品信息以及意图购买的产品信息，能够在计算机网络上完成买卖交易行为的网站，例如淘宝网、天猫商城、京东商城等。

该类网站交互性很强，具有较好的记录机制，并且网站系统采用较好的具备可靠性与稳定性的安全机制。该类网站的网络证据的传送与接收、收集、存储以及完整性，通常由相关措施加以保障。因此，该类网站上的网络证据具有一定的真实性。

大型在线交易网站如淘宝、天猫商城、京东商城等，在商品页面的用户评论中的晒单图属于网络公开图片，其评论日期由系统自动生成且不可修改，可以作为网络公开图片的公开时间。

但是要注意，由于在同一产品销售页面中，商家对商品介绍中出现的图片和文字等内容进行修改，并不会使页面显示的商品上架时间发生变化，对商品评论内容也并不产生影响，因此商品介绍中出现的图片因不能绑定修改上传时间而通常不能直接作为证据使用。同样地，缺少晒单图片的评论时间也不能单独作为产品公开时间被采用。

【案例71】

在产品名称为"挂钥匙器"（见图2－71－1，申请号：201530547990.6）的专利权评价报告中，对比设计（见图2－71－2）来源于中国购物平台网站天猫（网址：http：//tmall. com），其经营许可证编号是"浙B2－20110446"，在天猫网站的店铺"温怡家居专营店"中出售该款钥匙收纳器产品，在该商品销售页面上的买家晒单图片及评论信息中带有系统自动生成的评论日期。

天猫网站属于与专利权人无直接利害关系的第三方网站，在未得知有关纠纷发生的前提下，能够确认该网站为可靠信息来源，可以认定其信息内容的真实性，从而可以认定页面评论日期真实可信，因此可以确认对比设计的公开时间早于该专利申请日，该对比设计可以作为现有设计与被评价专利进行对比。

由于被评价专利与对比设计产品极为相近，两者的区别点在于背面贴纸由于均较薄而无法分辨是否有厚度上的不同；以及对比设计没有表达清楚贴纸底部与背面的相对位置，从而可能与被评价专利在贴纸底部与背面的相对位置上存在不同。由于上述区别点均属于施以一般注意力无法察觉到的局部的细微差异，因此被评价专利与对比设计实质相同，属于现有设计。

立体图

使用状态参考图

主视图

后视图

图2－71－1　被评价专利附图

晒单图

产品页面

图2-71-2　对比设计图片

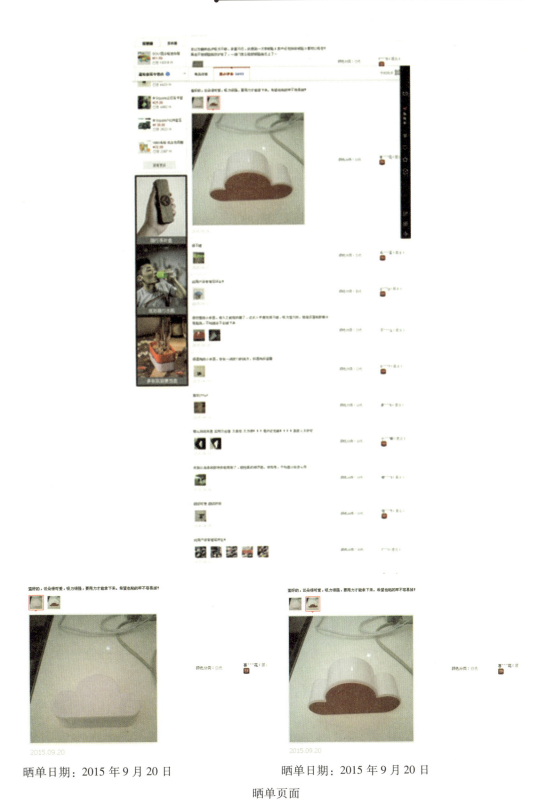

晒单日期：2015 年 9 月 20 日　　　　晒单日期：2015 年 9 月 20 日

晒单页面

图 2 - 71 - 2　对比设计图片（续）

【案例72】

在产品名称为"儿童坐椅（发音）"（见图 2 − 72 − 1，申请号：201430054035.4）的专利权评价报告中，对比设计（见图 2 − 72 − 2）来源于中国购物平台网站京东商城（网址：http：//item.jd.com）。在京东商城主页搜索"儿童座椅"，得到显示对比设计出售信息的网页，在其用户评价中有用户上传的带有产品照片的产品评价，该照片显示的产品与出售信息页所示产品一致，该网页显示有照片上传的时间。

京东商城为与专利权人无直接利害关系的第三方网站，成立于 2004 年，该网站在工业和信息化部 ICP 备案号码为京 ICP 证 070359 号。在未得知有相关纠纷发生的前提下，可以认定该网站信息来源的真实性。可以认定对比设计在网页显示的照片上传时间的日期已由互联网公开，该公开时间早于被评价专利的申请日。

由于被评价专利与对比设计产品种类相同，两者形状和图案均完全相同，虽然对比设计没显示椅子底部的设计，但上述区别属于使用时不容易看到或者看不到的部位的设计变化，且没有证据表明其对于一般消费者能够产生引人瞩目的视觉效果，因此被评价专利与对比设计实质相同，属于现有设计。

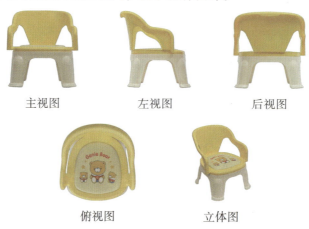

主视图   左视图   后视图

俯视图   立体图

图 2 − 72 − 1　被评价专利附图

晒单图

图 2 − 72 − 2　对比设计图片

产品页面

晒单页面

图 2 - 72 - 2　对比设计图片（续）

（2）网络文章公开。

从网站的性质考虑，网络证据真实性较强的网络文章来源包括①：①政府网站、国际组织网站及公共组织网站类；②公立学校网站、科研机构网站、非营利性事业单位网站、公益性财团法人网站类；③知名的专业在线期刊网站、知名的在线数据库类网站类，例如中国知识基础设施工程（CNKI）网站、超星数字图书馆网站、万方数据网站、中国药物专利数据库检索系统网站；④具有一定知名度的门户网站类，该类网站例如新浪网、搜狐网等综合性门户网站。

而对于其他一些公司门户网站、私立学校门户网站等，在该类网站上的网络证据的真实性判断中，主要需要考虑网站和当事人之间的利害关系。如果网站和当事人之间存在利害关系或者其他特殊关系，那么该类网站上的网络证据的真实性非常弱。如果网站和当事人之间不存在利害关系或者其他特殊关系，那么该类网站上的网络证据具有一定的真实性。如果出现多个这类网站公开的内容相互印证的话，其真实性会得到加强。

【案例 73】

在产品名称为"耳机（G941）"（见图 2 - 73 - 1，申请号：201430184102.4）的专利权评价报告中，对比设计 1 ~ 3 分别来源于三家不同的网站（见图 2 - 73 - 2），均为网页上发布的文章。

其中对比设计 1（见图 2 - 73 - 3）来源于 IT168 网站耳机频道网页中的一篇文章。该网站是中国知名 IT 产品导购资讯网站。对比设计 2 来源于中关村在线耳机频道的一篇文章，中关村在线是中国知名的 IT 互动门户网站。对比设计 3 文章来源于泡泡网耳机频道，泡泡网是中国颇具权威性与影响力的 IT 垂直互动门户网站之一。在没有证据显示上述三个网站和专利权人之间存在利害关系或者其他特殊关系，并且未得知有关纠纷发生的前提下，能够确认该网站的信息来源可靠，可以认定其信息内容的真实性。并且对比设计 1 至对比设计 3 三篇文章内容涉及同一款耳机产品，文章配图雷同，文章发布时间彼此接近，可以进一步相互印证该款产品在这一时期发布的真实性。可据此认定对比设计 1 至对比设计 3 文章发布时间真实可信，由网站系统自动生成的文章发布时间即为互联网信息的公开时间。由于三篇文章的公开时间均早于被评价专利的申请日，因此对比设计 1 至对比设计 3 均属于被评价专利的现有设计。

对比设计 1 在网络文章中公开了游戏耳机的立体图、右视图和耳垫部分局部放

---

① 参见国家知识产权局学术委员会课题报告《网络证据的法律适用》（Y070703）。

大图的细节图片，由于被评价专利与对比设计 1 产品种类相同，两者的区别属于局部细微差异，对整体视觉效果不足以产生显著影响，因此被评价专利与对比设计 1 不具有明显区别。同理，被评价专利与对比设计 2、对比设计 3 分别单独对比也均不具有明显区别。

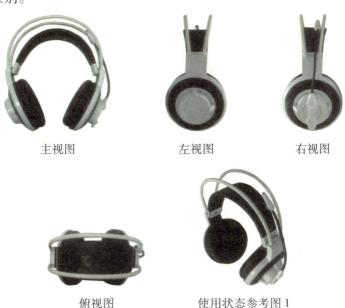

<table>
<tr><td>主视图</td><td>左视图</td><td>右视图</td></tr>
</table>

俯视图　　　　　　　使用状态参考图 1

图 2 - 73 - 1　被评价专利附图

对比设计 1：
http://earphone.it168.com/a2014/0527/1627/000001627706.shtml

图 2 - 73 - 2　对比设计 1 ~ 3 网页截屏

对比设计 2：

http://headphone.zol.com.cn/457/4570032.html

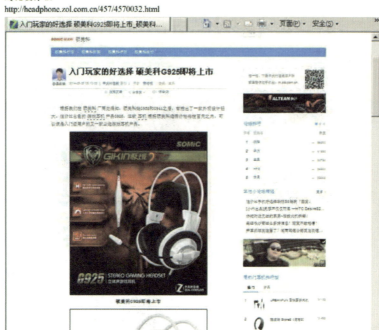

对比设计 3：

http://www.pcpop.com/doc/1/1015/1015583.shtml

图 2 - 73 - 2　对比设计 1 ~ 3 网页截屏（续）

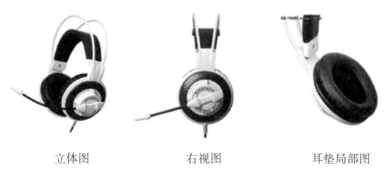

立体图　　　　　右视图　　　　　耳垫局部图

图 2 - 73 - 3　对比设计 1 附图

（3）网络社区公开。

网络社区是指包括 BBS/论坛、贴吧、公告栏、个人知识发布、群组讨论、个人空间、无线增值服务等形式在内的网上交流空间，同一主题的网络社区集中了具有共同兴趣的访问者。①

通常来说，网络社区的信息内容和数据主要是发帖人（又名楼主）首先发布帖子，然后其他用户进行跟帖评论或回复，每个用户对自己所发的帖子内容都可以进行编辑、修改或删除。这种公开方式属于专利法意义上的公开。对于网络社区公开证据，首先，需要结合该网络社区的规模和影响力判断其证据的真实性，规模较大、具有较高影响力的网络社区一般都具有较高的公信力，证据的真实性较高；其次，在公开时间的判断上要结合该网络社区的信息发布规则和编辑、修改规则，如果该网络社区发帖人发布帖子的时间和最后编辑修改的时间都由网站自动记录并显示，则该帖子显示的公开日期的可信度较高。

【案例 74】

在产品名称为"摄影器材快挂扣"（见图 2 - 74 - 1，申请号：201430409141. X，法律状态：未缴年费终止失效）的专利权评价报告中，对比设计 1（见图 2 - 74 - 2、图 2 - 74 - 3）是网友在国内的户外运动网站（www. 8264. com）的驴友论坛中公开的一款相机快挂，页面上显示的主帖发表时间、最后编辑时间均在被评价专利申请日之前；对比设计 2（见图 2 - 74 - 4、图 2 - 74 - 5）的公开信息来源于 Mobile01 网络论坛（www. 5i01. cn），是网友在该网站试用分享并公开的一款相机随身扣，页面上显示的发布时间早于被评价专利的申请日。

网站"www. 8264. com"是国内的户外运动网站，备案证号有津 ICP 备 05004140 号 - 1 和 ICP 证津 B2 - 20110106；Mobile01 网络论坛（www. 5i01. cn）专

---

① 参见 360 百科：https://baike. so. com/doc/5712592 - 5925318. html。

门讨论各种移动电话、行动装置、3C 等电子产品，网站备案证号有京 ICP 证 120034 号和京公网安备 11010502021609 号。在未得知有关纠纷发生的前提下，能够确认两家网站为信息可靠来源，且两家网站公开内容可以相互印证，可以认定其信息内容的真实性，页面上显示的发布时间、最后编辑时间均属于互联网信息的公开时间，上述公开时间早于被评价专利的申请日。

由于被评价专利与对比设计 1 和对比设计 2 产品种类相同，区别均属于局部细微差异，对整体视觉效果不足以产生显著影响，因此被评价专利与对比设计 1 和对比设计 2 均不具有明显区别。

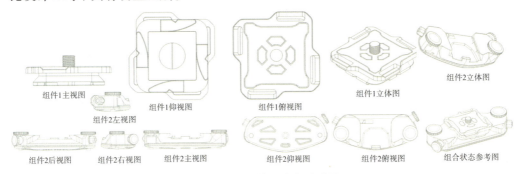

图 2 - 74 - 1　被评价专利附图

图 2 - 74 - 2　对比设计 1 附图

图 2 - 74 - 3　对比设计 1 网页截屏

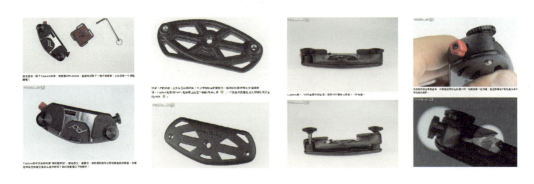

图 2 −74 −4　对比设计 2 附图

图 2 −74 −5　对比设计 2 网页截屏

（4）网络视频公开。

评价报告中采用的网络视频公开证据，通常是指在视频网站上以视频方式公开的证据。视频网站是指在完善的技术平台支持下，让互联网用户在线流畅发布、浏览和分享视频作品的网络媒体。[①] 比较知名的视频网站有优酷、酷6、爱奇艺、腾讯视频、搜狐视频等，在知名度较高的视频网站上公开的网络视频证据通常真实性较高。如果在这些知名视频网站上显示的视频首次发布时间或最后编辑修改时间都由网站自动记录并显示，则该网络视频显示的公开日期可信度较高。

【案例75】

在产品名称为"瓜果蔬菜模具（五角星黄瓜模具）"（见图2-75-1，申请号：201530216359.8）的专利权评价报告中，对比设计（见图2-75-2、图2-75-3）来源于优酷网站（网址：http：//www.youku.com），该网站有关于对比设计产品介绍的视频，网页上显示的由系统自动生成的发布日期为2014年5月28日，早于被评价专利的申请日。

优酷网站备案号为"京ICP证060288号"，属于与专利权人无直接利害关系的第三方网站，在未得知有相关纠纷发生的前提下，能够确定该网站信息来源可靠，可以认定其公开内容真实可信。因此可以确认对比设计的公开时间早于被评价专利申请日，可以作为被评价专利的现有设计与被评价专利进行对比。

由于被评价专利与对比设计产品种类相同，两者的区别仅仅是在整体比例上可能存在差异，即使存在比例差异，也属于施以一般注意力不能察觉的局部的细微差异。因此，经整体观察、综合判断，两者属于实质相同的设计。

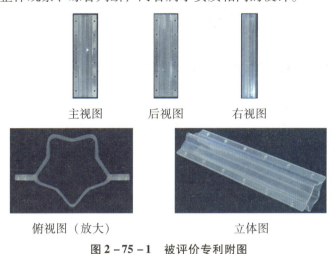

主视图　　　后视图　　　右视图

俯视图（放大）　　　立体图

图2-75-1　被评价专利附图

---

① 参见百度百科：https：//baike.baidu.com/item/%E8%A7%86%E9%A2%91%E7%BD%91%E7%AB%99/2063995？fr＝aladdin。

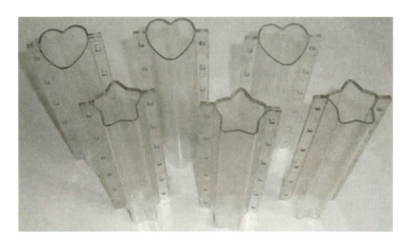

图 2 – 75 – 2　对比设计附图

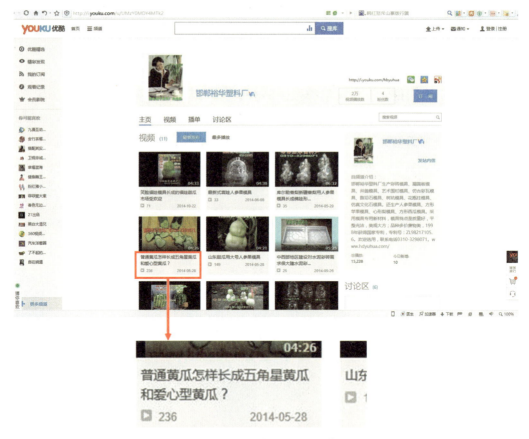

图 2 – 75 – 3　对比设计网页截屏

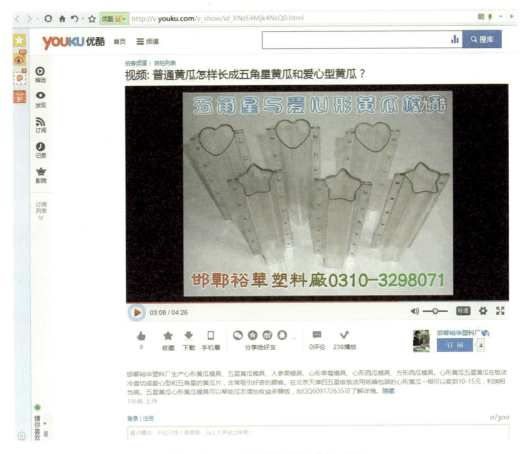

图 2 - 75 - 3　对比设计网页截屏（续）

（5）微博公开。

微博（Weibo），即微型博客（MicroBlog）的简称，是一种通过关注机制分享简短实时信息的广播式的社交网络平台。① 微博平台包括新浪微博、腾讯微博、网易微博、搜狐微博等。这些微博平台均拥有非常大的规模和较强的公信力，从其上获得的证据的真实性也较高。

通常情况下，微博用户在发表其内容的同时，可以根据需要选定不同范围进行公开。其公开范围及内容一经发表，除了删除微博的操作外均无法作出修改；微博内容中显示的发布时间由微博平台系统自动生成。在作出评价报告时，审查员无需关注博主就能在互联网上获知的微博内容，属于能被博主外的一般人获知的微博内容，满足专利法意义上的公开性要求，因此可以认定该微博内容在其所示发布时间即已被公开。

----

① 参见百度百科：https：//baike. baidu. com/item/% E5% BE% AE% E5% 8D% 9A/79614。

比较特殊的是，新浪微博于 2017 年 12 月 12 日上线了编辑功能，此后在微博发布后，博主若发现内容中有瑕疵或纰漏，可对已发布的微博内容中的文本和图片进行编辑修改，已编辑过的微博会有"已编辑"标识，且可以查看编辑记录。因此，公开日在该功能上线后的微博证据，需要结合其编辑历史判断公开内容和公开时间的对应关系。

【案例 76】

在产品名称为"手动洗衣棒"（见图 2 - 76 - 1，申请号：201530080759.0）的专利权评价报告中，对比设计（见图 2 - 76 - 2）的公开信息来源于新浪微博（网址：http：//weibo. com），文章发布页面显示的网页发布时间为 2015 年 3 月 19 日，早于被评价专利的申请日 2015 年 4 月 1 日。

所示网页信息（见图 2 - 76 - 3）中微博正文包含产品手持式迷你洗衣机。新浪微博属于与专利权人无直接利害关系的第三方网站，在未得知有相关纠纷发生的前提下，能够确定该网站信息来源可靠，可以认定其页面内容和公开日期真实可信。

由于被评价专利与对比设计产品种类相同，两者区别仅属于局部细微差别，对于产品外观设计的整体视觉效果不具有显著影响。因此，对一般消费者而言，经过整体观察、综合判断，被评价专利与对比设计相比不具有明显区别。

后视图　　　　　　　右视图　　　　　　　主视图

立体图　　　　　　　左视图

图 2 - 76 - 1　被评价专利附图

图 2 - 76 - 2　对比设计附图

图 2 - 76 - 3　对比设计微博页面截屏

（6）微信公众平台公开。

微信公众平台是腾讯公司在微信的基础上新增的功能模块。通过这一平台，个人和企业都可以打造一个微信公众号，可以群发文字、图片、语音、视频、图文消息五个类别的内容。[①] 作为大型知名网络公司腾讯公司的产品，从微信公众平台上获得的证据的真实性较高。在微信公众平台发布的信息中，审查员无须关注公众号即可通过网络搜索引擎搜索到的信息的公开性可以认定。由于微信公众平台发布的信息一经发布不能修改编辑只能删除，并且微信公众号推送文章的标题下方所示的时间也是由系统自动生成的，因此在无反证情况下，从微信公众平台上公开的微信证据可以被认定为在其发布之时即已经被公开。

【案例 77】

在产品名称为"球衣（白虎）"（见图 2 - 77 - 1，申请号：201430010590.7）

---

① 参见百度百科：https：//baike. baidu. com/item/% E5% BE% AE% E4% BF% A1% E5% 85% AC% E4% BC% 97% E5% B9% B3% E5% 8F% B0。

的专利权评价报告中，对比设计（见图 2 - 77 - 2）的公开信息来源于微信公众号"赛客体育 CIKERS"发布的文章"赛客白虎球衣发布"，通过搜索引擎获得的该微信公众号文章中显示的网页发布时间为 2016 年 3 月 27 日，早于被评价专利的申请日 2016 年 4 月 15 日。

所示网页信息（见图 2 - 77 - 3）包括文章标题、发布时间、发布者和正文内容。此外，该文章右上角和篇末还包含有"微信号：赛客体育 CIKERS""微信扫一扫""关注该公众号""点击蓝字，轻松关注"以及微信二维码等信息。从形式上看，体现为微信公众号发布的文章样式。微信公众平台是腾讯公司为微信公众号用户提供的服务平台。作为我国大型互联网综合服务提供商之一，腾讯公司的信誉度较高，系统环境相对稳定可靠，管理机制相对规范。因此，在未得知有相关纠纷发生的前提下，能够确定其为信息的可靠来源，可以认定其公开信息的真实性。

由于被评价专利与对比设计产品种类相同，两者区别中球衣胸前和背部的队徽、队号、字母名称以及左侧肩头下方多一个类似"∞"形图案均属于标识性内容，袖口的区别点因所占面积较小，相对于非常相近的整体形状、图案而言仅为局部细微差别，对于产品外观设计的整体视觉效果不具有显著影响。因此，对一般消费者而言，经过整体观察、综合判断，被评价专利与对比设计相比不具有明显区别。

主视图　　　　　　　　　　后视图

图 2 - 77 - 1　被评价专利附图

主视图　　　　　　　　　　后视图

图 2 - 77 - 2　对比设计附图

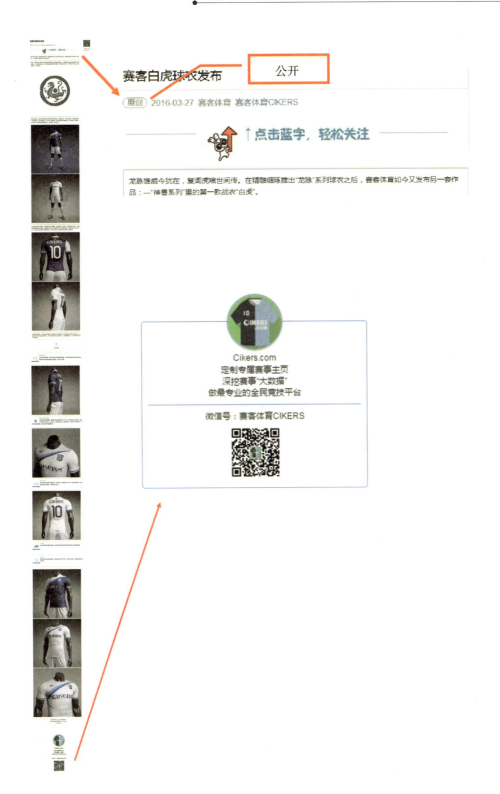

图 2 - 77 - 3　对比设计微信页面截屏

（7）不予采信的网络公开证据类型。

①博客公开。

博客，又称网络日记、部落格或部落阁等，是使用特定的软件，在网络上出版、发表和张贴个人文章的网站，或者是一种通常由个人管理、不定期张贴新的文章的网站。[①] 博客是社会媒体网络的一部分，比较知名的有新浪、网易等博客。

由于博客内容编辑较为容易，且修改编辑情况没有记录，最为重要的是，用于体现博文发表时间的时间记录所体现的是博文最初发布的时间，其并不会随着编辑修改而再次生成新的时间。因此，博文显示的发表时间与其内容之间缺乏唯一对应性，所以单独的博客内容通常不予采信。

②网页快照公开。

搜索引擎在收录网页时，对网页进行备份，存在自己的服务器缓存里，当用户在搜索引擎中点击"网页快照"链接时，搜索引擎将 Spider 系统当时所抓取并保存的网页内容展现出来，称为"网页快照"。[②] 国内常用的搜索引擎是百度提供的网页快照，即"百度快照"。

由于百度快照只保留文本内容，图片等非文本信息是直接从原网页调用，而且百度会定期访问并更新快照页面，因此，对于通过点击具有时间标记的"百度快照"得到的网页中的图片，不能将其公开时间认定为该时间标记对应的时间。

2. 其他出版物公开

主要是指各种印刷的、打字的纸件，例如科技杂志、科技书籍、学术论文、专业文献、教科书、技术手册、正式公布的会议记录或者技术报告、报纸、产品样本、产品目录、广告宣传册等。

出版物的印刷日视为公开日，有其他证据证明其公开日的除外。印刷日只写明年月或者年份的，以所写月份的最后一日或者所写年份的 12 月 31 日为公开日。

【案例78】

在产品名称为"玩具（兔1）"（申请号：201430010590.7，法律状态：未缴年费终止失效）的专利权评价报告中，被评价专利包含 10 项相似外观设计（见图 2 - 78 - 1），对比设计（见图 2 - 78 - 2）是网络上广为流传的卡通形象"兔斯基"，于 2006 年由当时就读于中国传媒大学动画系的学生王卯卯创作，图书《我兔斯基你》

---

① 参见百度百科：https：//baike. baidu. com/item/% E5% 8D% 9A% E5% AE% A2/124？ fr = aladdin。

② 参见百度百科：https：//baike. baidu. com/item/% E7% BD% 91% E9% A1% B5% E5% BF% AB% E7% 85% A7。

于 2009 年 2 月 25 日由阳光出版社出版，ISBN 号为 9789862290675，其公开时间早于被评价专利的申请日 2014 年 1 月 15 日，属于以出版物公开的现有设计，可以用来与被评价专利进行对比。

相对于二者基本相同的头部、身体、四肢、表情，被评价专利与对比设计的区别点仅涉及眉毛形状、眼角图案以及眼镜的形状和图案不同，且上述不同占二者的整体比例很小，因此，二者的设计特征仅有细微差别，被评价专利是将无产品载体的形状、图案和色彩的结合转用到产品的外观设计中。

因此，被评价专利是将现有设计转用到玩具类产品得到的，二者的设计特征仅有细微区别，该具体的转用手法属于明显存在启示的情形，且该转用未产生独特视觉效果。被评价专利与现有设计或者现有设计特征的组合相比不具有明显区别，不符合《专利法》第 23 条第 2 款的规定。

设计 1 主视图　　设计 2 主视图　　设计 3 主视图　　设计 4 主视图　　设计 5 主视图

设计 6 主视图　　设计 7 主视图　　设计 8 主视图　　设计 9 主视图　　设计 10 主视图

图 2 - 78 - 1　被评价专利附图

图 1　　　　　图 2　　　　　图 3　　　　　图 4　　　　　图 5

图 2 - 78 - 2　对比设计附图

3. 使用公开

由于使用而导致设计方案的公开，或者导致设计方案处于公众可以得知的状态，这种公开方式称为使用公开。

使用公开的方式包括能够使公众得知其设计内容的制造、使用、销售、进口、交换、馈赠、演示、展出等方式。只要通过上述方式使有关设计内容处于公众想得知就能够得知的状态，就构成使用公开，而不取决于是否有公众得知。但是，未给出任何有关设计内容的说明，以致所属产品领域的设计人员无法得知其具体形状、图案、色彩的产品展示，不属于使用公开。

如果使用公开的是一种产品，即使所使用的产品或者装置需要经过破坏才能够得知其结构和功能，也仍然属于使用公开。此外，使用公开还包括放置在展台上、橱窗内公众可以阅读的信息资料及直观资料，例如招贴画、图纸、照片、样本、样品等。但橱窗内展示的非销售样品的内部结构公众无法得知，因此其内部结构不属于使用公开。

使用公开是以公众能够得知该产品或者方法之日为公开日。

目前外观设计专利权评价报告中用来与本外观设计专利进行比较的对比设计主要是审查员通过检索获得，检索范围主要为专利数据库，也包括淘宝、天猫、京东商城、优酷等知名网站，因此使用公开的证据很难通过目前的检索方式获得，在实践中也缺乏典型的以使用公开证据作出否定结论的评价报告案例。

（二）关于知名动漫形象或者商标

知名动漫形象属于著作权范畴，它与商标权均属于在先权利的范围，然而外观设计专利权评价报告所涉及的条款并不包括《专利法》第23条第3款，即授予专利权的外观设计不得与他人在申请日以前已经取得的合法权利相冲突。因此，在外观设计专利权评价报告中，通常会根据知名动漫形象或商标在整体外观设计中的具体使用形式，适用《专利法》第23条第1款或第2款进行评述。

【案例79】

在产品名称为"毛绒玩具（笑口龙猫）"（见图2-79-1，申请号：201230213040.6，法律状态：专利权维持）的专利权评价报告中，被评价专利产品属于玩具，对比设计（见图2-79-2）为电影《龙猫》中的知名卡通形象"龙猫"。

经过观察和对比，二者的产品整体造型基本相同，均包括头部、躯干、上肢、耳朵和尾巴，且各部分的位置关系、形状以及其上的图案设计均基本相同，均有龇牙笑的表情。不同点主要在于：①对比设计有较短下肢、较小手指和脚趾，而被评价专利没有；②被评价专利的耳朵下部无明显柱状造型，而对比设计耳朵下部呈柱状；③被评价专利躯干正面绝大部分为一倒置桃形区域，该区域顶部向下弯曲，而对比设计该部分顶部呈弧线形。从检索到的现有设计来看，毛绒玩具造型多种多样，无论是整体形态、各部分造型，还是图案设计，均有较大设计空间。一般消费者对于整体形态、各部分造型以及图案设计均会有所关注，被评价专利与对比设计整体造型基本相同，各部分的位置关系、形状以及其上的图案设计均基本相同，且均有龇牙笑的表情，二者的区别点①～③属于局部细微差别。对比设计是动画片中的知名卡通形象，被评价专利是由卡通形象作细微变化后转用得到的玩具的外观设计，属于明显存在转用手法的启示的情形，因此被评价专利与对比设计相比不具有明显区别。

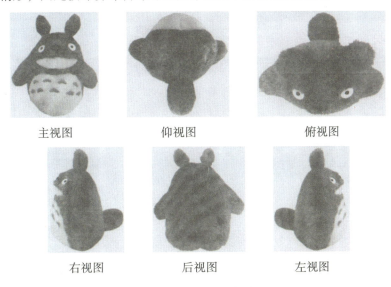

主视图　　　　　　　仰视图　　　　　　　俯视图

右视图　　　　　　　后视图　　　　　　　左视图

图 2 - 79 - 1　被评价专利附图

电影截图 1　时间 51′00″

图 2 - 79 - 2　对比设计附图

电影截图 2　时间 58′59″

太棒了!成功了

电影截图 3　时间 59′21″

图 2 - 79 - 2　对比设计附图（续）

四、外观设计专利权评价报告的检索策略

（一）检索策略概述

外观设计专利权评价报告的检索策略是根据被评价专利特点制定的基本检索原则和方法。不同的产品所涉及的产品领域各有特点，检索思路不尽相同，因此不能"一刀切"式地靠一种检索思路解决问题，而应当有选择性、针对性地确定检索思路，综合运用检索策略。

在进行检索之前，要认真分析被评价专利，充分运用著录项目信息，仔细分析图片或者照片中表达的产品设计特征和简要说明中对用途的解释说明；在此基础上确定检索的产品领域，选定检索范围，明确检索思路，进而高效得出检索结果。

在对被评价专利进行认真分析的基础上，可以选取最相关的著录项目、关键词或分类号进行试探性的初步检索。以检索产品名称为"链条形的锁具"的外观设计为例，在确定检索关键词时，除选择"锁"这一基本用途关键词外，还同时辅助选择"链条"这一产品的设计特征关键词，进而可以比较容易且迅速地得到想要的检索结果。试探性检索还可以选取与被评价专利相近的日期范围、专利权人竞争对手范围等进行试探，并可以利用上述信息在互联网上进行查询，从而获得在专利检索中有用的其他关键"线索"。

一般来说，试探性检索在多数情况下并不能得到理想的检索结果。因此，需要在检索的过程中查找试探性检索可能存在的问题，逐步扩大检索范围，采取"渐进式检索"策略。渐进式检索可以通过在产品名称中去掉关键词或者更换关键词进一步完善检索范围。例如检索产品名称为"数码录音笔"的外观设计，其所属类别为14 - 01小类。通过对被评价专利进行分析可知，数码录音笔明显同该类别下的"麦克风、喇叭、扬声器、耳机、磁盘、影碟机、DVD、录像机"等产品的外观设计不同，可以在检索时直接将上述名称关键词排除。渐进式检索还可以通过检索与之相近的种类，逐步扩大检索范围。

总之，检索策略应当是灵活多变的，在遇到检索结果不理想时，需要不断调整、改变检索策略，提高检索效率。

（二）对被评价专利的分析

对外观设计专利权评价报告而言，充分分析被评价专利是进行有效检索的基础，主要包括对著录项目信息的运用、结合简要说明对图片或照片信息的分析理解。

1. 著录项目信息的运用

根据《专利法》第9条和第23条第1款的规定，同样的外观设计（相同或者实质相同），只能授予一项专利权。因此，即便是申请人本人同日或者先后就同样的外观设计提出申请，也只能被授予一项专利权。在外观设计专利权评价报告的检索中，被评价专利的专利权人或者其地址等信息可以作为有效的检索线索。

【案例80】

在对产品名称为"对边直斜纹卷布机（自动）"（见图2 - 80 - 1，申请号：

201130330070.0，法律状态：专利权维持）的专利进行检索过程，使用专利权人的公司名称作为检索关键词，得到专利权人申请的另一项产品名称为"自动对边剪布机"（见图2-80-2）的对比设计，其授权公告日为2011年8月24日，早于被评价专利的申请日（2011年9月20日）。将对比设计与被评价专利进行比较，两者在长宽高比例以及形状方面均完全相同，构成同样（相同）的外观设计。因此，被评价专利不符合《专利法》第23条第1款的规定。

右视图　　　　　　　　主视图　　　　　　　　左视图

图2-80-1　被评价专利附图

右视图　　　　　　　　主视图　　　　　　　　左视图

图2-80-2　对比设计附图

在外观设计专利权评价报告检索中，关键词检索往往是最简捷、高效的检索方式之一。在进行关键词检索时，需要对被评价专利的产品名称进行分析，判断是否为该类产品的通用产品名称，或者是否存在其他别名、同义词或者近义词等情形。

【案例81】

在产品名称为"电暖器（SYH-1207）"（见图2-81-1，申请号：201330373562.7，法律状态：未缴年费专利权终止，等恢复）的专利权评价报告中，"电暖器"采用电热辐射和热对流的方式实现供暖功能，该类产品也存在"取暖器""热油汀""电暖气"等产品名称，使用上述产品名称关键词作为检索条件，在现有设计中检索得到产品名称为"取暖器（辐射式）"（见图2-80-2）的对比设计，与被评价专利用途相同。将对比设计与被评价专利进行比较，二者仅在开关的形状和位置、底座部分存在局部细微变化，对整体视觉效果不足以产生显著影响。因此，二者不具有明显区别，被评价专利不符合《专利法》第23条第2款的规定。

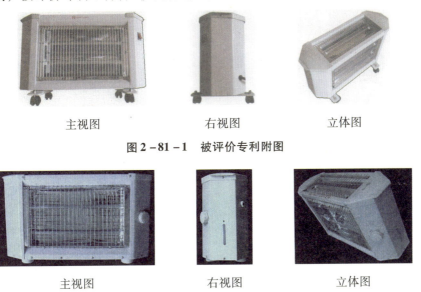

主视图　　　　　　　右视图　　　　　　　立体图

图2－81－1　被评价专利附图

主视图　　　　　　　右视图　　　　　　　立体图

图2－81－2　对比设计附图

关于被评价专利著录项目信息的运用，除上述案例的专利权人、产品名称信息外，诸如简要说明中的用途、申请日、优先权等信息都可以作为检索的线索。

2. 图片或照片中表示的产品设计特征的分析

根据《专利法》第59条第2款的规定，外观设计专利权的保护范围以表示在图片或者照片中的该产品的外观设计为准，简要说明可以用于解释图片或者照片所表示的该产品的外观设计。因此，专利权评价报告的检索实质就是针对外观设计图片或者照片的检索。这就要求在检索之前必须仔细分析图片或者照片，从中挖掘有效的检索线索，诸如外观设计中可能涉及的商标或标识、卡通形象等信息，甚至某些局部设计特征也可以为专利权评价报告的检索提供有效信息。

【案例82】

在产品名称为"戒指（爱你五百年）"（见图2－82－1，申请号：201030119028. X，法律状态：未缴年费专利权终止）的专利权评价报告中，被评价专利的视图显示请求保护的外观设计为一个戒指，产品中两个类似没有闭合的"O"形装饰部位，使人联想到《西游记》中的"金箍"，再结合知名影视剧《大话西游》中的经典台词"爱你五百年"，可以直接在互联网上检索到对比设计（见图2－82－2）。被评价专利与对比设计几乎完全相同，属于同样（相同）的外观设计。由于对比设计的网络公开日早于被评价专利的申请日，因此被评价专利属于现有设计，不符合《专利法》第23条第1款的规定。

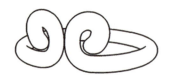

图 2 - 82 - 1　被评价专利附图　　　　图 2 - 82 - 2　对比设计附图

【案例83】

在产品名称为"小夜灯（花瓶蘑菇灯）"（见图 2 - 83 - 1，申请号：201430499315.6，法律状态：专利权维持）的专利权评价报告中，被评价专利的视图显示请求保护的外观设计为一个小夜灯，由插花和花瓶组成，插花中含有蘑菇头造型。通过对产品图片进行分析，根据其蘑菇灯头造型可以联想到《阿凡达》电影经典场景中的蘑菇灯。在检索过程中以"蘑菇""阿凡达"等与图片反映的信息密切相关的关键词作为检索重点，检索到了对比设计1"夜灯（蘑菇形）"以及对比设计2"小夜灯（阿凡达梦幻型）"（见图 2 - 83 - 2），作为该专利权评价报告的相关对比文件。

图 2 - 83 - 1　被评价专利附图　　　　图 2 - 83 - 2　对比设计1和对比设计2附图

外观设计专利文件的特殊性决定了在进行外观设计专利权评价报告的检索之前一定要对被评价专利的专利文件所反映的信息进行认真、仔细的分析，提取有效检索信息，从而提高检索效率。

（三）检索范围的限定

在外观设计专利权评价报告的检索中，检索范围的限定包括对时间范围和类别范围两个维度的限定。

1. 时间范围限定

外观设计专利的载体是产品，而产品本身一般具有由特定时期相关技术限定的特定功能，这使得产品的外观设计往往体现出较为明显的年代属性。在外观设计专利权评价报告的检索中，确定检索的时间范围不仅可以依靠被评价专利的申请日（有优先权日的，指优先权日）划分检索时间节点，进而确定检索数据范围，而且可以利用该产品所应用的技术年代属性限定具体的检索时间范围。

【案例 84】

在产品名称为"两轮平衡车（畅行 UV – 01D Pro）"（见图 2 – 84 – 1，申请号：201430018200.0，法律状态：专利权维持）的专利权评价报告中，确定检索的时间范围时，首先可以以被评价专利的申请日 2014 年 1 月 23 日为依据，划分检索的时间节点，进而确定检索的整体数据范围。而通过对两轮平衡车的技术调查发现，美国著名科学家迪恩·卡门于 2001 年首次发明了这种方便快捷的新型交通工具——两轮电动平衡车"Segway"。据此，在具体进行检索时，可以将时间范围限定到 2001 年至 2014 年，并采用申请日由近到远的顺序进行排查，缩小检索范围，检索到产品名称为"两轮自平衡车（思维翼）"（见图 2 – 84 – 2）的对比设计，其申请日为 2013 年 6 月 7 日，授权公告日为 2014 年 1 月 15 日，早于被评价专利申请日。将被评价专利与对比设计相比较，二者区别点在于凸块后端面的图案、车座上的按钮和接线口以及轮辐的形状方面。对于平衡车产品整体来说，上述区别点属于局部细微变化，对整体视觉效果不足以产生显著影响，被评价专利与对比设计相比不具有明显区别，不符合《专利法》第 23 条第 2 款的规定。

主视图　　　　　后视图　　　　　左视图　　　　　右视图

图 2 – 84 – 1　被评价专利附图

右视图　　　　　左视图　　　　　左视图　　　　　右视图

图 2 – 84 – 2　对比设计附图

2. 类别范围限定

在外观设计专利权评价报告的检索中使用国际外观设计分类进行检索领域的限定，即对检索的类别范围进行限定，是检索中常用的检索策略。其主要涉及如何认定被评价专利的产品种类以及如何进行相同和相近类别的扩展的问题。

关于被评价专利产品种类的确定前文已经述及，下面主要结合评价报告典型案例，就如何进行专利权评价报告检索过程中的类别扩展进行说明。

（1）依据产品应用领域的不同进行类别扩展。

外观设计分类一般遵循用途原则，由于某些外观设计产品具备一定的通用性，可能被应用于不同的领域，相应地，在对这样的被评价专利进行类别范围确定时，应尽量考虑可能应用的领域。

【案例85】

在产品名称为"酒桶分配器把手"（见图2－85－1，申请号：201430303336.6，法律状态：专利权维持）的专利权评价报告中，被评价专利具有酒桶分配器用把手的用途，对应国际外观设计分类08－06小类（把手，球形捏手，铰链，合页）。但由于这种把手同时具有一定的通用性，根据应用领域的不同，可以对应不同的外观设计分类号。例如，当其用作流体分配设备时对应23－01小类，当其用作封口装置和封口附件时对应09－07小类，当其用作防火灾设备时对应29－01小类，当其用作食品或饮料制备机械时对应31－00小类，或者用作通用工具对应08－99小类等。因此，该专利权评价报告在对上述领域进行试探检索后，最终确定检索类别范围为"08－06；23－01；09－07；29－01；31－00；08－99"，得到产品名称为"分配器（S）"的对比设计1（见图2－85－2），其国际外观设计分类号为23－01；产品名称为"分配器（A）"的对比设计2（见图2－85－3），其国际外观设计分类号为23－01。通过对比被评价专利与对比设计1和对比设计2均不具有明显区别。

图2－85－1 被评价专利　　图2－85－2 对比设计1　　图2－85－3 对比设计2

（2）依据产品功能的不同进行相应领域的扩展。

当被评价专利的产品具有多种功能或者由不同功能的部件组成时，可以根据具体功能进行相应领域的扩展，从而确定检索的具体领域。

【案例86】

在产品名称为"楼梯椅"（见图2-86-1，申请号：201430356550.8，法律状态：专利权维持）的专利权评价报告中，被评价专利作为组合家具对应国际外观设计分类的06-05小类，视图显示的产品具有在座椅和楼梯（家具部件）之间进行变换的功能。因此，应依据这两种不同的功能分别进行类别的扩展，即在确定检索类别范围时，除了06-05小类外，还应该对应增加座椅和楼梯的类别。最终确定的检索类别范围为"06-05；06-01；06-06"，检索得到产品名称为"梯椅"的对比设计（见图2-86-2），国际外观设计分类号为06-01小类，与被评价专利构成不具有明显区别的外观设计。

图2-86-1 被评价专利附图

图2-86-2 对比设计附图

（3）考虑转用的扩展。

随着科学技术的不断进步，将现有设计转用到其他种类产品的情形越来越多，在确定外观设计专利权评价报告的检索类别范围时，也应考虑转用的可能性。

【案例87】

在产品名称为"钥匙扣（头盔）"（见图2-87-1，申请号：201330139279.8，法律状态：失效）的专利权评价报告中，被评价专利作为钥匙扣类产品对应国际外观设计分类的03-01小类。视图显示的产品整体为头盔形状。经过试探性检索得到了一件钥匙头的外观设计专利，即对比设计 1（见图 2 - 86 - 2）对应国际外观设计分类的 08 - 07 小类（锁紧或关闭装置）。由于钥匙头与钥匙扣属于相近种类，因此，可以认为将头盔的外观设计转用于钥匙扣类产品的外观设计在相近种类的现有设计中存在启示。据此，在确定检索的类别范围时，除了 03 - 01 小类以外，还应该对应增加头盔类、钥匙类产品相关的类别。该外观设计专利权评价报告确定的检索类别范围为"03 - 01；11 - 02；08 - 07；02 - 03；21 - 01"。检索得到产品名称为"头盔（959S）"的对比设计 2（见图 2 - 86 - 3），国际外观设计分类为 02 - 03 小类，与被评价专利仅存在细微差异，可以认为被评价专利是由对比设计 2 转用得到的，且具体的转用手法在现有设计中存在启示，被评价专利不符合《专利法》第 23 条第 2 款的规定。

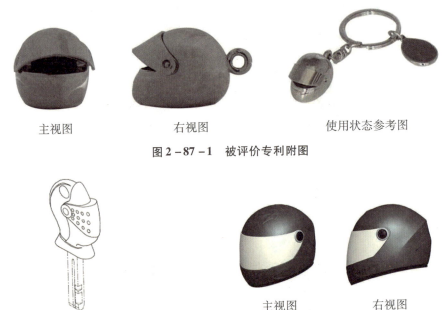

主视图   右视图   使用状态参考图

图 2 - 87 - 1 被评价专利附图

主视图   右视图

图 2 - 87 - 2 对比设计 1（启示）   图 2 - 87 - 3 对比设计 2 附图

需要说明的是，由其他种类产品的外观设计转用得到的玩具（21 - 01 小类）、装饰品（11 - 02 小类）以及食品类（01 - 01 小类）产品的外观设计，如没有产生独特视觉效果的，则属于明显存在转用手法的情形。因此，外观设计专利权评价报告在确定检索的类别范围时，可以优先考虑选择上述类别的转用扩展。

（4）依据设计要素的扩展。

外观设计包括形状、图案、色彩三要素，外观设计专利权评价报告要对三者进行整体评价，专利权评价报告的检索也是针对三要素的检索。因此，其中的某个单一要素在不同类别产品的应用也应成为确定类别范围的考虑因素。

【案例88】

对于一个带星条旗图案的手环产品（见图2－88－1），可以依据形状要素和图案要素分别进行扩展，进而将检索到的对比设计（见图2－88－2）进行组合用以评价被评价专利。

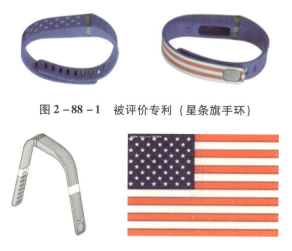

图2－88－1　被评价专利（星条旗手环）

图2－88－2　对比设计（设计要素扩展）

【案例89】

在产品名称为"面料（9）"（见图2－89－1，申请号：201430314302.7，法律状态：未缴年费终止失效）的专利权评价报告中，被评价专利作为面料产品对应国际外观设计分类05－05小类。该类产品通常主要包括产品表面的纹理图案以及色彩要素。因此，在确定专利权评价报告的检索类别范围时可以依据其图案或者图案和色彩的结合在其他相近类别进行扩展。该专利权评价报告确定的检索类别范围为"05－05；05－06；06－10；06－11；06－13"，检索得到来源于互联网的一件地毯产品作为对比设计（见图2－89－2），对应国际外观设计分类06－11小类。经比较，被评价专利与上述对比设计的图案及色彩基本相同，二者的区别点仅在于施以一般注意力无法察觉到的细微差异，被评价专利与对比设计实质相同。

图2－89－1　被评价专利　　　　图2－89－2　对比设计

（5）考虑分类标准变化或不一致的客观情况。

外观设计专利的产品分类由于某些客观的原因也会存在不一致的情况，主要分为版本不一致、国别不一致和历史不一致三种情形。例如最新的第 11 版《国际外观设计分类表》中将地漏和下水道格栅从 23 - 02 小类和 25 - 02 小类统一转移到 23 - 01 小类中。因此，在确定专利权评价报告的检索类别范围时，应具体考虑上述不一致的客观情况，在相应的类别范围内进行扩展。

【案例90】

在产品名称为"带电池的手机壳（iPhone5）"（申请号：201330160620.8，法律状态：未缴年费终止失效）的专利权评价报告中，被评价专利（见图 2 - 90 - 1）对应的国际外观设计分类号为 03 - 01，该外观设计产品实质上是一个手机专用的背夹电池，为手机提供电源的产品类别应该对应国际外观设计分类的 13 - 02 小类。此外，还需要考虑单独作为手机本身的部件以及附件的可能性，确定的检索类别范围为"03 - 01，13 - 02，14 - 03；14 - 99"。该专利权评价报告最终选择的与被评价专利不具有明显区别的两个对比设计分别为：产品名称为"背夹电池（1900MA）"的对比设计 1（见图 2 - 90 - 2），分类号为 13 - 02；产品名称为"移动电源"的对比设计 2（见图 2 - 90 - 3），分类号为 13 - 02。就本案例而言，被评价专利作为手机壳产品被分入 03 - 01 小类和作为背夹电池分入 13 - 02 小类均是可以接受的。实际上，带电池的手机壳的英文又称为"battery case"，在英语系国家大都会将其分入 13 - 02 小类，例如美国和英国；而在中国，由于其又称为背夹电池，两个词语的语义重心产生了区别，导致分入 03 - 01 和 13 - 02 都有可能。因此，在确定检索的类别范围时应当考虑到这种差异情况，避免漏检。

图 2 - 90 - 1　被评价专利

图 2 - 90 - 2　对比设计 1　　　　图 2 - 90 - 3　对比设计 2

（6）常用类别扩展。

结合近几年外观设计专利权评价报告在检索范围的确定方面的具体实践，本书对常用的类别扩展情况进行了不完全的统计，见表 2 - 2。

表 2 - 2　常用的类别扩展和统计表

序号	产品领域	对应类别	类别范围	
			扩展类别	相关性
1	食品或饮料制备机械和设备	31 大类	07 - 02；07 - 04	07 烹调和手动器具与电动机械属于相近类别
			15 - 08	15 - 08 整体迁移至 31 - 00
			31 - 00	本领域
2	存放物品用架子	06 大类	03 - 01；03 - 02	小型收纳架
			06 - 04；06 - 05；06 - 06	本领域
			07 - 06；07 - 07；07 - 99	家居收纳架
			23 - 02	卫生设备中也涉及毛巾架、浴室架等
3	机动车辆	12 大类	12 - 08；12 - 09；12 - 10；12 - 11；12 - 13；12 - 14	本领域
			15 - 03；15 - 04	农业机械和建筑机械一般都属于联合机械，包含车辆部分
			21 - 01	车模产品
4	洗涤熨烫工具	07 大类	04 - 04；04 - 99	清洁刷和扫帚
			07 - 05；07 - 07	本领域
			15 - 05；15 - 99	电动或较大型清洁设备
5	香薰器具	28 大类	09 - 01；09 - 05	香包、炭包
			11 - 02	香炉等香器
			23 - 04	空气净化、加湿设备
			28 - 03；28 - 99	美容熏香、香水座、空气清新剂等
6	无人机	12 大类	12 - 07	本领域
			21 - 01	作为玩具使用的无人机均分入了 21 - 01
7	散热器	13 大类	13 - 03	本领域
			14 - 99	第 10 版《国际外观设计分类表》以前电子产品散热器分入此类
			15 - 01	发动机散热器以发动机配件随上位分类
			23 - 03；23 - 04	暖气片、风扇式散热器在 23 大类

序号	产品领域	对应类别	类别范围	
			扩展类别	相关性
8	医疗设备	24 大类	10 – 04；10 – 05	医疗检测与其他测量、检测设备属于相近类别
			14 – 01；14 – 02	记录、数据处理设备在功能上的交叉
			24 – 01；24 – 02；24 – 04；24 – 99	本领域
			28 – 03	按摩、保健产品与理疗产品在功能上存在交叉，属于相近类别
9	面料	05 大类	02 – 02；02 – 05	服装类产品属于面料的具体应用
			05 – 05；05 – 06	本领域
			06 – 09；06 – 10；06 – 11；06 – 12；06 – 13	垫子、毯子等与面料产品属于以图案为主要设计要点的相近产品
			09 – 03；09 – 05	包装产品与面料也涉及图案要素的转用
			19 – 08	平面印刷品主要以图案为主
			25 – 01	平面建材一般都包含图案要素
10	智能穿戴产品	10 大类	10 – 02；10 – 04；10 – 05	本领域
			11 – 01；11 – 02	首饰、饰品等的智能化趋势越来越明显
			14 – 02；14 – 03	智能产品功能上复合化，属于相近类别
			16 – 01；16 – 06	摄像、智能眼镜产品等
			21 – 01	玩具产品
11	电子笔	14 大类	10 – 04；10 – 05	测量测试用笔
			14 – 01；14 – 03；14 – 99	本领域
			16 – 01	摄像笔
			19 – 06	办公用笔
			23 – 01	制氢笔
			24 – 02	笔形医疗器械
			28 – 02；28 – 03	眉笔

续表

序号	产品领域	对应类别	类别范围	
			扩展类别	相关性
12	收纳箱	06 大类	03 – 01	个人箱包物品
			06 – 04	本领域
			07 – 07	其他家用容器
13	瓶子	09 大类	07 – 01；07 – 07	杯子、瓷器等
			09 – 01；09 – 07	本领域
			11 – 02	装饰工艺品
			28 – 03	化妆瓶
14	童车	21 大类	06 – 01	餐椅车
			12 – 02；12 – 11；12 – 12	平衡车、独轮车、自行车、婴儿车
			21 – 01；21 – 02	滑板车、玩具车

（四）非专利文献检索

非专利文献是与专利文献①相对的一个概念，是指除专利文献以外的含有信息内容的文献。外观设计非专利文献，是指记载有包含产品形状、图案或者其结合以及色彩与形状、图案结合的信息的非专利文献。随着信息化技术的发展，外观设计非专利文献的载体发生了很大变化，由传统的印刷纸质文献发展到目前以网络图片为主要形式的数字资源文献，并且电子数字资源所占的比例日益增多。与此同时，在互联网上检索包含各类信息的网页、文献等数字资源也因检索方便、内容更新快、共享程度高等优势，成为当前外观设计非专利文献检索的主要渠道。因此，外观设计非专利文献的互联网检索可以作为外观设计评价报告的检索过程中的重要补充检索手段，在审查实践中得到较为普遍的应用。

1. 外观设计非专利文献互联网检索的主要方式

外观设计非专利文献互联网检索的主要方式包括关键词检索和图片检索。顾名思义，关键词检索就是在互联网中输入与被检对象相关的如产品名称、所属领域、

---

① 专利文献主要是指各工业产权局（包括专利局、知识产权局及相关国际或地区组织）在受理、审批、注册专利过程中产生的记述发明创造技术及权利等内容的官方文件及其出版物的总称。

所属类别、品牌等关键词，从而查找与被检对象相关的文献信息。关键词检索的优点是操作简单，检索速度快；缺点是检索范围大，检索结果容易产生歧义，准确率低。同时，对于同一检索对象，关键词的选择不同，检索的结果也会大相径庭。外观设计非专利文献互联网检索的另一种方式是图片检索，亦即"以图搜图"。以图搜图，是通过搜索图像文本或者视觉特征，为用户提供互联网上相关图形图像资料检索服务的专业引擎系统，是搜索引擎的一种细分。通过输入被检图片的 URL 地址或者直接上传本地的被检图片，互联网搜索引擎将被检图片的特征抽取出来建立索引信息，并进行图像分析和判别，为图像加注释，存储抽取出来的索引信息建立索引库。互联网的后台服务器将索引库与后台数据库中数以亿张的图片进行比对，找出与被检图片相近的图片。目前互联网上涌现出很多以图搜图的引擎，如百度的识图搜索、安图搜的购物搜索引擎、Google 的以图搜图，淘宝网也推出了以图搜图功能等。以图搜图是一种搜索的流行趋势，但是相对专利文献的图片，由于图片特征和算法的原因，其准确率待加强。故在当前的互联网环境下，更多的是采用文字和图片相结合的方式进行检索。通过对被检对象进行特征分析后总结出关键字，同时输入图片进行数据库分析比对，最终共同标引对被检图片进行检索。这种检索方式的最大特点是发挥各自的优势，促进图片的高效、简单检索，提高检索效率和准确率。

2. 外观设计非专利文献互联网检索的策略

互联网上的数据量庞大且存储位置不固定，如果无法策略性地进行检索，会耗费大量时间和精力，最终结果也是事倍功半。正确、快速地检索外观设计非专利文献，需要掌握以下关键点。

（1）充分了解并分析被检图片及其背景信息。

图片表示的产品的名称、设计人信息、申请人信息甚至代理人信息都是重要的背景信息，了解并分析这些背景信息，有针对性地缩小范围检索，可有力地提高检索效率。

【案例 91】

产品名称为"玩具"（见图 2 - 91 - 1，申请号：201430105671.5，法律状态：未缴年费终止失效）的专利权评价报告中，视图显示的产品为一种竹蜻蜓式玩具，外形与《哆啦 A 梦》动画中的竹蜻蜓飞行器相似。根据上述信息，在互联网上检索日本有关玩具公司的官方网站，在 Epoch 公司的产品列表中发现一款体感游戏用产品（见图 2 - 91 - 2）。与被评价专利相比，二者的整体构成和形状以及各部件位置关系基本相同，区别点属于局部细微变化，对整体视觉效果不足以产生显著影响。

图 2 - 91 - 1　被评价专利附图　　　　　图 2 - 91 - 2　对比设计附图

（2）合理利用识图网站。

目前，在国内的互联网市场上的百度识图、搜狗识图、Google 按图搜索、安图搜、淘宝网拍立淘等网站可以实现以图搜图的功能。在已获知相关图片的情况下，可以利用上述网站提供的识图工具，根据已知的图片来获取更详细的图片和其他相关信息，然后利用这些信息再进一步加以有效检索；或者是直接用识图工具找到可以引用的具有公开时间的图片资源。

【案例92】

在产品名称为"刨子（组合）"（见图 2 - 92 - 1，申请号：201630180253.1，法律状态：未缴年费专利权终止，等恢复）的专利权评价报告中，若用产品名称"刨子"作为关键词检索，会出现各种工具类的刨子产品，包括木工刨子等，这会产生很多干扰冗余数据，不利于快速找到需要的信息。此时，可以先利用淘宝识图工具，对外观设计图片进行识别，得到作为淘宝产品名称的关键词：护手切菜切丝器、刨丝切片碎菜器、擦菜器、刨丝器、擦丝器等。然后以这些关键词进行限定，重新进行检索，便得到了与被评价专利产品直接相关的产品信息"万年利""土豆丝切丝器""多功能切菜器""刨丝器""土豆片切片器""擦丝器神器"，并可以在相关网址下找到记载有晒单时间和购买产品图片的买家的晒单（见图 2 - 92 - 2）。

图 2 - 92 - 1　被评价专利附图　　　　　图 2 - 92 - 2　对比设计附图

（3）善用媒体信息。

各种主流门户网站或者新闻媒体的网络报道往往会对新产品或者新设计进行及时的评测，其发表的内容和公开时间的真实性一般较高，是外观设计专利权评价报告中经常使用的互联网检索资源。

【案例 93】

产品名称为"学生服（小学男夏 2015）"（见图 2 - 93 - 1，申请号：201530226174.5，法律状态：专利权维持）的专利权评价报告中，专利权人来自珠海市香洲区。在百度新闻的搜索框中输入"香洲""校服"关键词，得到多个新闻门户网站的关于标题为"香洲中小学校服方案出炉——棒球衣胜出（多图）"的南方日报讯的转载，公开了多幅中小学校的校服图片。其中，对比设计 1（见图 2 - 93 - 2）来源于南方网（www. southcn. com），对比设计 2 来源于新浪网（www. sina. com. cn），对比设计 3 来源于珠海在线（www. 0756zx. com）。将上述对比设计与被评价专利分别进行比较，经整体观察、综合判断，被评价专利的套件 1、套件 2 与上述报讯中的上衣和短裤之间的区别对产品整体视觉效果不足以产生显著影响，属于不具有明显区别的外观设计。因此，被评价专利不符合《专利法》第 23 条第 2 款的规定。

套件 1 主视图　　　　套件 1 后视图　　　　套件 2 主视图　　　　套件 2 后视图

图 2 - 93 - 1　被评价专利附图

对比设计 1　　　　　对比设计 2　　　　　对比设计 3

图 2 - 93 - 2　媒体网站附图

（4）固定公开时间。

对于互联网检索中信息公开时间的认定，在外观设计专利权评价报告中一般应当将公众能够浏览互联网信息的最早时间认定为该信息的公开时间。在外观设计专利权评价报告对公开时间的认定中，需要结合网络证据的可信度来证明其公开时间的真实性。网络证据的证明力一般应当考虑信息来源的可信度，信息产生、存储、交流的方法或方式的可靠性，互联网信息的属性和品质等因素，详细内容参见本书"网络出版物公开"部分。

在网络交易平台上，当买家对购买物品拍照上传图片进行评价时，系统会生成晒单时间记录。该时间记录对于一般用户来说是不可以修改的，在没有其他反证情况下，可以认定其真实性，并以此确定相关设计的公开时间。

非专利文献检索为外观设计专利权评价报告的检索提供了有益的补充，合理利用非专利文献检索策略，将极大地提高检索效率。

第三部分

外观设计专利权评价报告的作用

一、外观设计专利权评价报告请求概况

（一）外观设计专利权评价报告请求量

自 2010 年收到第一份外观设计专利权评价报告以来，截至 2017 年 12 月底，外观设计专利权评价报告的总请求量已经达到 3.5 万件左右，完成量达到 3.3 万件左右。自 2013 年开始，外观设计专利权评价报告的年请求量突破千件大关，接下来呈现逐年快速递增之势，2017 年的外观设计专利权评价报告请求量已经突破 1 万件。

（二）外观设计专利权评价报告请求地域分布①

提出外观设计专利权评价报告的请求主体大部分来自国内，以 2017 年为例，2017 年请求外观设计专利权评价报告的主体来自 33 个国家或地区，国内请求人的占比为 94%，国外请求人占比为 6%。外观设计专利权评价报告主要的请求主体是国内请求人，这与外观设计专利权评价报告在处理侵权纠纷、电商维权、海关备案等方面的运用有较大关系。外观设计专利权评价报告国外请求人数量较多的国家或地区中，日本、美国和韩国排在前三位，约占 1% 的比例。2017 年国内外观设计专利权评价报告请求省市分布中，来自广东省和浙江省的请求量最多，两省的请求量之和达到请求总量的近 60%，这与各省的产业结构有一定关系，在一定程度上反映了两省专利运用活跃程度较高。

---

① 数据提取自中国专利电子审批系统。

（三）外观设计专利权评价报告类别分布

目前已经要求出具外观设计专利权评价报告按照国际外观设计专利的分类，其产品领域几乎涵盖了外观设计国际分类表中全部大类，以 2017 年为例，2017 年外观设计专利权评价报告请求涉及 31 个大类共 178 个小类产品。其中，06 大类家具类的请求量最多，达到近 1800 件，其后依次是家用物品、服装、通信类以及照明类。近几年各领域请求出具外观设计专利权评价报告的数量，尤其是排名靠前的领域请求量非常平稳，活跃类别基本稳定，初步反映出我国在外观设计专利运用方面活跃的产品类别基本稳定，同时请求出具外观设计专利权评价报告的产品领域分布广泛，也反映出专利权人或利害关系人对涉及生活方方面面产品的外观设计专利都有了解其稳定性的需求。

二、外观设计专利权评价报告的应用领域

（一）外观设计专利权评价报告的法定用途

1. 作为侵权纠纷的证据

《专利法》第 61 条第 2 款规定："专利侵权纠纷涉及实用新型专利或者外观设计专利的，人民法院或者管理专利工作的部门可以要求专利权人或者利害关系人出具由国务院专利行政部门对相关实用新型或者外观设计进行检索、分析和评价后作出的专利权评价报告，作为审理、处理专利侵权纠纷的证据。"这一条规定明确了专利权评价报告的性质和法律效力，规定专利权评价报告是法院审理专利侵权案件或者管理专利工作的部门处理专利侵权纠纷的证据。因此在司法实践中，人民法院多会基于提起侵犯外观设计专利权诉讼的原告提供的外观设计专利权评价报告的内容来决定是否中止诉讼，使审判程序和周期更合理化。

2. 海关备案的要求

2009 年 7 月 1 日起实施行的《中华人民共和国海关关于〈中华人民共和国知识产权海关保护条例〉的实施办法》第 7 条对知识产权权利人向海关总署提交备案申请书中所应附具的文件、证据作了规定，其中第 1 款第（2）项中特别指出："专利授权自公告之日起超过 1 年的，还应当提交国务院专利行政部门在申请人提出备案申请前 6 个月内出具的专利登记簿副本；申请实用新型专利或者外观设计专利备案的，还应当提交由国务院专利行政部门作出的专利权评价报告。"

（二）外观设计专利权评价报告的衍生用途

国家知识产权局对请求出具外观设计专利权评价报告的外观设计专利进行评价时，除不进行《专利法》第23条第3款（不得与他人在先合法权利相冲突）的评价外，对其他所有实质性条款进行全面评价。即既包含了初步审查程序中涉及的实质性条款，还会通过检索外观设计专利数据库及非专利文献来评价请求作出评价报告的外观设计专利是否符合《专利法》第23条规定的授权条件，是否属于重复授权的情形。专利权人能够通过专利权评价报告了解被授权的外观设计专利的权利稳定性及潜在价值。此外，专利权评价报告在法律效力上不同于无效决定，评价报告不是行政决定，不对专利权人所拥有的专利的法律效力产生实质性的影响。因此，专利权评价报告除法定需要外，也被越来越灵活地被运用在电商平台、展会、知识产权交易等其他需要维护专利权人权利的领域。

1. 电商平台维权

随着我国网络应用技术的飞速发展和虚拟经济的日趋成熟，近些年来，电子商务已经成为市场经营的一种潮流和主导，这一方面为消费者提供了快捷方便的购物平台，但另一方面也为网络"售假"提供了渠道。网络服务提供商为了防止自己提供的平台成为"售假"的基地，一般都会采用"避风港原则"，即如果有商家告知网络服务提供商提供的平台上有其他商家侵犯其权利，则网络服务提供商有让侵权产品从平台上下架的义务，否则需要共同承担侵权责任。以阿里巴巴为例，阿里巴巴对于自己旗下的电子商务网站开设有知识产权保护平台，并有一套自己的投诉和判断流程，由于电商平台的处理者并非专业的知识产权侵权判定方面的专家，因此除借助相关第三方专业机构的力量外，对于投诉方提供证据也要求一定的权威。如果出现涉及实用新型专利和外观设计专利产品的侵权纠纷时，投诉方需要提供国家知识产权局出具的专利权评价报告，以证明自身权利的合法性和稳定性，如果权利合法稳定且侵权成立，则电商平台会据此迅速作出反应，下架被投诉侵权的商家产品。同时为了避免恶意投诉，被投诉方如果可以提供售卖产品的专利权证书以及专利权评价报告证明自身权利的合法稳定性，就可以避免被下架甚至关店的不利后果。两种情况都最大限度地避免了权利人或商家的损失。据统计，自该规则施行后，阿里巴巴知识产权保护平台减少了60%以上的"名为专利维权，实为恶性竞争"的恶意投诉行为，保护了电子商务领域商家的合法权益。专利权评价报告所带来的成效，使其在电商服务繁荣发展的今天成为权利人和网络服务提供商维护正常经营秩序、保护自身合法权益的有效工具。

2. 展会和专利交易

各行业每年都有各类型不同规模的展会，企业重视参加这些知名展会或者交易会的重要原因在于，一方面可以通过展会扩大知名度；另一方面能与客户面对面交流，有效促进产品交易。但是由于展会是行业范围内公开交流展示的场所，对于相同或者相似类别的外观设计专利产品而言，很容易在展出时就迅速被仿制、克隆，甚至也会出现多个参展方展出雷同产品的情况，因此，举办方为了维护展会品牌形象，解决优质展商的后顾之忧，在展前和展中都会采取一系列措施来防范知识产权纠纷，国际展会更为严格。通常而言，涉及产品外观设计专利侵权的，展会现场执法人员会迅速作出判断，判断参展产品是否侵权，进而采取下一步的行动。而为了以备不时之需，大部分拥有专利的参展方，在参展之前会请求国家知识产权局为其外观设计专利产品出具专利权评价报告，具有专利权稳定性的评价报告结论可以使其在参展和维护自身权益时把握先机。同时，企业也会根据参展和评价报告结论的情况，在产品进行大规模批量化上市前有所取舍，精准发掘开发产品价值，减少不必要的成本投资。进行专利产品交易时，附有肯定结论专利权评价报告的专利产品，往往具有更高的含金量。

3. 其他

在一些地方政策性法规施行，以及专利大赛评选、企业专利实施许可或者知识产权布局等过程中，地方政府、主办方或者利害关系人也会根据需求有针对性地要求对相关专利出具专利权评价报告，以评估该专利的稳定性。

总的来说，专利权评价报告评价范围全面，让报告阅览者能够了解请求出具了评价报告的专利的创新程度，甚至了解本领域现有设计的状况，且不会影响专利权的法律状态。事先了解自己专利的稳定性对于专利权人而言有助于知己知彼，未雨绸缪地应对知识产权纠纷、实施专利转化、进行知识产权战略布局。不管基于何种目的，只要专利权人想要了解自己所拥有的外观设计专利的稳定性，外观设计专利权评价报告都为其提供了一条全面评估自身专利是否稳定的途径。

三、经典案例

（一）善用专利权评价报告，调整纠纷应对策略

【案例1】

2011 年 11 月 24 日，A 公司针对其研发设计的一款汽车，在我国申请了外观设

计专利并经初步审查后获得了专利权。随后，A 公司发现 B 公司销售了与其专利产品外观非常近似的产品（型号为 X7），且该产品也获得了外观设计专利的授权，因此，A 公司先后提起了外观设计专利诉讼和无效宣告请求。重要时间节点如下：

（1）2011 年 11 月 24 日，A 公司将一款"机动车辆"的外观设计向国家知识产权局申请外观设计专利，并获得授权；

（2）2013 年 11 月 06 日，B 公司将"越野车"的外观设计向国家知识产权局申请外观设计专利，并获得授权；

（3）2014 年 7 月 25 日和 2014 年 8 月 3 日，A 公司先后两次针对 B 公司的外观设计专利权提出无效宣告请求；

（4）针对上述指控，B 公司于 2015 年 2 月 16 日，针对 A 公司的外观设计专利权提出无效宣告请求。

（5）2016 年 5 月 13 日，国家知识产权局专利复审委员会针对上述两个无效宣告请求，作出如下决定。

①B 公司的外观设计专利权不符合《专利法》第 23 条第 1 款和第 2 款的规定，具体理由如下："B 公司涉案专利与对比设计（A 公司车型）相比：整体比例基本相同、车辆外轮廓基本相同、前脸后脸各部件相同、前后面主要线条分割相同、部分装饰件相同，且均为全景天窗。不同点主要在于侧面车门处差异，前面中、下部区域设计不同，后面中、下部区域不同，部分零件差异等。经综合考虑，二者的相同点对整体视觉效果更有显著影响，而不同点属于局部细节设计，且多数特征是现有设计或现有设计中已经给出了设计手法，从而对整体视觉效果的影响较小。二者在整体视觉效果上没有明显区别，因此 B 公司涉案专利不符合《专利法》第 23 条第 2 款的规定"。（参见图 3 - 1 - 1 和图 3 - 1 - 2）

图 3 - 1 - 1　A 公司的外观设计

图 3 – 1 – 2　B 公司的外观设计

②A 公司的外观设计专利权不符合《专利法》第 23 条第 1 款的规定，具体理由如下："由于 A 公司于 2010 年 12 月 21 日至 2010 年 12 月 27 日在广州国际车展展出了此款车型，展出的该款车辆与 A 公司获得外观设计专利权的产品为相同的外观设计，因此 A 公司的涉案设计属于已经公开的外观设计，A 公司专利权无效。"

从专利复审委员会的两个无效决定中可以看出，B 公司的外观设计专利权被无效的原因，是因为模仿了在先设计 A 公司的外观设计；而 A 公司的外观设计专利权被无效，则是因为 A 公司在车展上在先公开了自己的设计，丧失了新颖性，属于现有设计，从而造成专利权丧失。A 公司的失利，在于其出现几大失误：其一，没有及时申请外观设计专利；其二，没有利用好新颖性宽限期制度；其三，在维权之前没有评估自己专利的稳定性。

无效决定之后，B 公司不服，就该决定向北京知识产权法院提起上诉，2018 年 3 月一审判决撤销专利复审委员会的无效决定，2018 年 11 月北京市高级人民法院二审撤销一审判决，至此，该案仍未尘埃落定。但对于本书而言，结合此案例仅从企业如何更好地利用外观设计专利权评价报告的角度进行分析，希望能够对企业日后的专利运营工作提供帮助和借鉴。

A 公司之所以坚持和 B 公司展开这样一场声势浩大的专利战，很大程度上是基于对自主知识产权的信心。诚然，A 公司车型是一款自主研发设计的外观设计专利产品，发现市场出现疑似侵权产品时，就应该主动出击，捍卫权益。申请专利的目的就是要保护发明创造，在权利有效期内垄断市场，A 公司的做法无可厚非。而导致 A 公司最终"意外结果"的原因之一，是其对该外观设计专利权的稳定性评估存在漏洞或不足，这一疏忽造成了严重的后果。倘若在全面展开专利战之前，A 公司能够对其外观设计专利权，请求国家知识产权局作出一份专利权评价报告，则很有可能避免专利大战。众所周知，作为我国外观设计初步审查制度的有力补充，在第三次修改专利法时，引入了外观设计专利权评价报告制度。当一份已经被授予外观设计专利权的专利文献要求国家知识产权局作出专利权评价报告时，审查员不仅要针对已经公开的中国、美国、日本等主要国家的外观设计专利文献数据库进行检索，同时还会针对非专利文献进行检索，较为常见的一种方式就是通过互联网进行检索。A公司作为汽车行业的国际知名企业，所发布的经典车型很容易受到众人的关注。广州国际车展是国内知名的展会之一，每届参会人数都高达几十万人，在该展会上展出的商品必然也被人们所津津乐道。种种客观条件表明，倘若A公司请求对其车型的外观设计专利权作出评价报告，会有较大的几率得到一份结论与专利复审委员会作出的无效决定相仿的外观设计专利权评价报告。按照如此逻辑推论，当A公司看到自己的外观设计专利权并非如预期的那般稳定、有效，必然会积极调整知识产权应对策略，来换取企业的最大利益。以同样是以对B公司提起诉讼为假想，A公司有足够条件和实力去考虑以反不正当竞争为理由进行指控。

上述案例的遗憾后果督促企业应通过合理运用外观设计专利权评价报告制度，提前评估外观设计专利权的稳定性，进而制定更为恰当的专利战略。

下面这个案例，论述了在侵权诉讼阶段，外观设计专利权评价报告是如何帮助企业及时调整战略方针，最大限度地挽回企业损失，为企业有效运用专利权评价报告提供了指导。

【案例2】

飞某公司（下称C）销售的某款机车被益某公司（下称D）起诉侵犯其外观设计专利权，但C认为，自己销售的产品也已经获得了外观设计专利权，说明自己拥有销售这款车的合法权利，不会侵犯D的专利权，故一开始，并没有理会D的律师函，甚至当收到了法院的传票时，都有足够的信心为自己辩护，没有丝毫和解的意向。

在某次与当地知识产权部门交流过程中，C了解到外观设计专利权评价报告制度可以对专利权的稳定性进行专业的评价，考虑到自身诉讼境况，于是决定采用该制度提前预测诉讼发展动向。2014年1月24日，C向国家知识产权局提交了外观设计专利权评价报告的请求书，2014年3月17日，国家知识产权局作出其专利权不符合《专利法》第23条第2款规定的外观设计专利权评价报告，具体理由为：该外观设计专利权所显示的产品的外观设计，与已公开的现有设计相比，整体结构、形状及轮廓均基本相同，区别点仅在于车前灯、车尾灯、车前后围板、车尾储物仓仓盖上，而上述差异属于产品的局部细微差异，对整体视觉效果不足以产生显著影响，故二者不具备明显区别。关于两款产品的外观设计，参见图3-2-1和图3-2-2。

主视图　　　　　　　　　左视图　　　　　　　　　右视图

图3-2-1　C公司专利产品图

右视图　　　　　　　　　主视图　　　　　　　　　后视图

图3-2-2　对比设计图

在这份外观设计专利权评价报告的客观评价下，C意识到原先对自己的外观设计专利权认识有误，于是及时调整应对策略，积极与D洽谈。最终D撤销了对C的起诉，还达成了后期的合作共识。

通过这个案例可以看出，由于我国对外观设计专利实行初步审查制度，虽然初步审查制度适应外观设计发展需求，保证了外观设计专利审查的快速、及时，但同时也隐藏着部分专利权利不稳定的情况。外观设计专利权评价报告，是权利人正确评估已经获得的外观设计专利权稳定性的一个较好的方法，在一定程度上有利于弥补初步审查的漏洞。该案例中，C能够及时认识到自己的权利稳定性问题，对外观设计专利权请求出具评价报告，可谓是明智之举。也正因如此，才会出现后期的形势逆转，不仅让D撤销了对自己的起诉，还与其达成了后续的合作协议，使彼此从一对冤家变成了亲家，形成了双赢的局面。在这里我们不妨进行一个假想，倘若C在明知有评价报告制度的情况下，仍然坚持原有的想法，没有对其外观设计专利权的稳定性进行评估，则事态的发展会走向另外一端：没有C的主动洽谈，就不会有D的撤诉，更不会有二者后期的共营合作。因此，建议上市的专利产品，利用评价报告制度来了解和知晓自己专利权的稳定程度，做到知己知彼，游刃有余，灵活应对。

（二）巧用评价报告，保障市场权益

【案例3】

2015年，E公司在网上推广某款鱼饵产品（见图3-3-1）。E公司一直是渔具类产品的行业领军者，其销售的多数产品都广受欢迎。因此，该款鱼饵产品同样一经推广上市就迅速打开市场，成为热销产品，销量也居高不下。

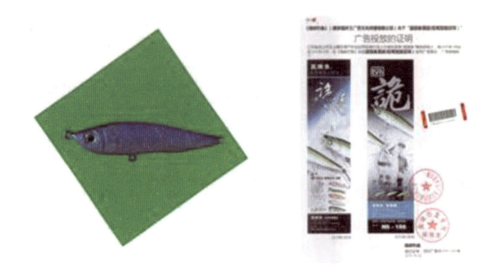

图3-3-1 鱼饵产品示意图

商品经过一段时间的推广销售，E公司偶然发现实体商品市场的多个厂家和各大电商平台的多个店铺都在同步热销该款鱼饵产品的仿冒款商品，且销量也非常可观，利润丰厚，这对E公司本身的产品销售和企业盈利都造成了极大的影响。基于以上理由，E公司向各大电商平台进行投诉，要求终止仿冒商家的销售行为。但随后E公司却被告知，由于其开发的此款鱼饵产品并未申请外观设计专利，因此无权要求他人终止销售同类产品。更糟糕的是，当E公司状告他人侵权行为被认定无效后，还收到了他人的投诉通知：有商家称E公司销售了其专利产品，属于仿冒行为，要求E公司立即终止销售行为。电商平台要求E公司就投诉进行答辩，如无合理解释，将对其产品进行下架处理。经过此事，E公司意识到企业对知识产权的认识与保护远远不够，公司高层也深刻意识到知识产权的重要作用。此后公司吸取教训，针对核心产品，一旦开发完成，即刻申请外观设计专利，并且在获得授权后第一时间请求出具外观设计专利权评价报告，依此对权利的稳定性进行判断。只有确定了产品的专利稳定性后，才会大面积地对产品进行推广。

上述案例中企业初始缺乏知识产权保护意识及相关基本知识，并未意识到知识产权保护对企业发展的重要作用。当遇到他人对企业产品的仿冒时，企业无法利用知识产权手段对产品进行有效保护，也不能阻止仿冒者的非法营利，从而对企业的产品销售和利润获取都造成了严重影响。且由于他人在先申请了外观设计专利，E公司反而面临被诉仿冒、产品被迫下架的境地。企业自身知识产权保护意识的匮乏，让企业在市场竞争中处于了极其被动的地位，即使有再多的理由，也不能违反国家法律的规定，不能违背市场竞争的规则。E公司只能先行接受平台的下架处理，同时向专利复审委员会提出对方专利权的无效宣告请求。经过一年多的行政、司法诉讼，虽然成功将对方专利宣告无效。但曾经热销的产品早已错过了最好的生命周期，即使E公司摘掉了"销售假冒伪劣产品"的帽子，却再也无法挽回已经损失的经济效益，在此过程中企业的声誉也受到了不小的影响。可见，在市场竞争中，合理地运用知识产权手段，占有先手，对企业的经济利益、整体运营都有极为重要的作用。经此事件之后，E公司在产品授权公告后及时请求外观设计专利权评价报告的行为，就是看到了知识产权保护的重要性，以及外观设计专利权评价报告在确定权利稳定性上的重要作用，采用先走一步的手段，为企业在市场竞争中赢得了先机。未来如果再次遇到他人仿冒产品的行为，E公司一来产品申请了专利，二来具备了专利权评价报告，再向市场监管部门和电商平台投诉时就能及时提供需要的证据材料，节省了时间，提高了效率，能够有效地挽回经济损失。

【案例4】

天某某有限公司（下称F公司）参加某场国际知名展销会，并将其专利产品在该展会上进行展览。喜某某有限公司（下称G公司）是F公司的主要竞争对手，F公司一直十分关注G公司的市场动向，当其发现G公司也在同一展会上展销其专利产品时，便要求主办方进行现场执法，对"侵权产品"进行清除。当主办方将F公司的举证材料递交给G公司后，G公司称：他们已经向专利复审委员会请求了F公司专利权无效，并出示了相关的无效宣告请求材料，用以证明该行为。同时G公司还宣称，通过他们的检索，有足够的信心证明F公司的专利权无效，因此他们的展销并不存在侵权行为。

但由于F公司的知识产权保护工作做得较为及时，早在其相关产品的外观设计专利权获得授权后，就向国家知识产权局申请出具了外观设计专利权评价报告，并且也在参加展会时一并提交了专利权评价报告（见图3-4-1）。因此，主办方确认专利权评价报告给出专利权肯定性的结论后，选择支持F公司的请求，要求G公司不能展出疑似侵权产品。

图 3 - 4 - 1　参展产品专利权评价报告

从上述案例中我们可以得知，作为彼此的竞争对手，F 公司关注 G 公司的市场动向，同时 G 公司也随时关注着 F 公司的市场运作。虽然展会的执法人员不会因为一纸无效宣告请求书及相关材料就认定 F 公司的专利权必然无效，也不会因此就直接认定 G 公司的展销没有侵犯 F 公司的知识产权，但这份无效宣告请求书，有可能会对现场执法人员的"内心确认"产生一些影响，如果 F 公司不能对此作出进一步的有力解释，那么现场的形势将会对 F 公司非常的不利，也会相应影响 F 公司在展会上的产品销售、市场运营和利润获取。激烈的市场竞争的成败，往往就在于谁多走了一步棋，谁占有了先机。而能够意识到专利权评价报告的作用，正是在意识上领先的表现之一。

F 公司正是看到了外观设计专利权评价报告在市场竞争及知识产权保护中能够发挥的重要作用，及时请求出具了专利权评价报告。在面对 G 公司的无效宣告请求书时，F 公司能够从容不迫，通过及时提供反面证据，有力地证明自己产品专利权的稳定性，促使展会的执法人员作出有利于自身的决定，有效地保护了企业相关产品的知识产权，维护了企业的利益，减少市场竞争中的仿冒、伪造等不正当行为的发生。同时也节省了证明自身权利有效性所需要花费的时间、精力等，降低了维权成本，提高了维权效率。

在展会执法过程中会遭遇各种各样维权的请求，无论是请求方还是被诉侵权方能够在出示专利证书的同时，附上专利权有效的评价报告，会对展会维权起到很好的促进作用，也能间接提高展会的执法效率。同时专利权评价报告上所附的与专利产品相关的现有设计状况，会帮助现场的执法专家对专利权的合理保护范围进行界定。在了解现有设计的情况下，不仅会打击与专利产品相同的侵权产品，同时会合理扩充到一些稍加变化的相似侵权产品上，而且也可以避免对不落入专利保护范围的被投诉产品的误判，从而维护展会的良性竞争秩序，加强对整个市场的保护力度。

【案例5】

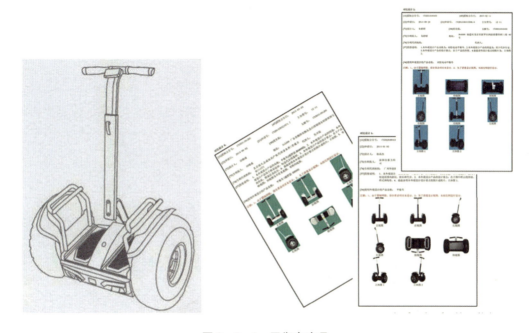

图 3 − 5 − 1 平衡车产品

　　周某是某平衡车企业的法人代表，该公司近些年致力于研发和推广新型科技产品平衡车（见图 3 − 5 − 1）。随着市场的逐步打开，该企业发现市场上也逐渐涌现了大量的仿冒产品，这些仿品有些在电商平台销售，有些销往国外。该企业实施维权措施的时候，发现了一些问题。第一，由于平衡车是一种新型的科技产品，从目前的情况来看，无论国内还是国外都没有相关的行业标准，因此，从质量体系方面没有办法制止市场上的仿冒行为。第二，利用商标权进行维权的方式不好对抗仿冒行为。现在的仿冒行为，都会避免使用权益人的商标（避免巨额赔偿），大多数仿冒厂商都会在产品上贴自己的商标，将其变为自己的产品，也就是常说的贴牌行为。因此，企业自主产品也无法通过商标得到有效保护。最终，企业决定利用外观设计专利权进行知识产权维权。公司在产品开发完成后，同一产品会同时申请两份专利，一份采用线条图的形式进行申请，另一份采用实物照片的形式进行申请。在维权时为了确保专利的稳定性，制定合理的知识产权战略方针，企业会请求国家知识产权局出具外观设计专利权评价报告，借此对自己的专利权做一个客观的评定，并在此基础上合理安排下一步知识产权战略和市场动作。

上述案例中，由于平衡车这一产品属于新兴产品，行业标准的制定有所滞后。对该类产品而言，商标保护范围有限。就消费者对外观要求较高的工业产品而言，企业采用外观设计专利保护是较为合理的。首先，其产品符合专利法意义上的外观设计产品定义。其次，该类产品的外观形态较为直观，在侵权判定上是比较容易把握的。最后，该类产品的产品视图可以清晰、完整地加以制作，进行申请的难度不大。因此，合理利用外观设计专利权保护对平衡车企业维权是十分必要的。

在企业维权过程中，合理有效地使用外观设计专利权评价报告往往使得企业维权事半功倍。企业为了确定权利的稳定性，在产品获得授权后，可及时请求出具外观设计专利权评价报告。在本案中值得提醒的是，由于企业对同样的产品同时申请了两份只是制图方式不同的外观设计专利，虽然是企业的申请策略，但由于两项外观设计专利属于同样的发明创造，因此专利权评价报告会给出否定的结论，即两项外观设计专利权只能保留其一，否则在后继发生法律纠纷被提请无效时，两项都会面临被无效的风险。根据专利权评价报告结论，该企业选择了表达更为清晰全面的一件外观设计专利，放弃了另外一件，确保了专利权的稳定性。随后，该企业利用保留的外观设计专利武器向电商平台进行在售相同产品的侵权投诉，向海关进行备案，有效打击、制止了仿冒行为，为企业挽回了可观的经济利益。通过对专利权评价报告的有效使用，真正地给企业带来了巨大的利益，包括经济利益，也包括企业的声誉，其价值甚至无法用物质（金钱）来衡量。

可见，及时请求出具专利权评价报告在确定专利权稳定性方面是十分理智的选择。在维权过程中，有效合理地使用专利权评价报告，能够真正为企业维权提供有力证据，为企业减少经济和时间上的损失。

（三）评价报告助力评判者把握本领域侵权判定标准

【案例6】

2014 年 10 月起，阿里巴巴集团旗下的淘宝知识产权保护平台要求权利人对使用申请日在 2009 年 10 月 1 日（《专利法》于 2010 修改）后的中国外观设计专利进行投诉前，需提交相应外观设计专利的专利权评价报告进行资质审核，对未提供专利权评价报告或专利权评价报告结论不符合《专利法》授予外观设计专利权条件的被投诉专利产品予以剔除。阿里巴巴主要委托给中国（浙江）知识产权维权援助中心作为平台侵权纠纷的实体判断主体，该中心在出具"专利侵权判定咨询意见"时会依据权利人所提供的外观设计专利权评价报告的内容来解决外观设计专利侵权判定中的实体问题，包括确定涉案专利的保护范围、判断被控侵权产品是否与涉案专利外观设计构成相同或近似的设计、认定涉案专利产品是否属于现有设计等。

例如：权利人潘某以其持有的一项"儿童碗"的外观设计专利，附具中国（温州）知识产权维权援助中心出具的专利侵权判定咨询意见、国家知识产权局出具的给予肯定结论的外观设计专利权评价报告，在淘宝知识产权保护平台对台州市黄岩某塑料厂的多条相同产品销售链接进行投诉，被投诉方接到通知后主张被控侵权产品与涉案专利整体设计方案既不相同，也不近似，未落入涉案专利的保护范围。淘宝知识产权保护平台在收集到双方证据后，于2015年12月17日移送中国（浙江）知识产权维权援助中心，请求该中心协同处理，解决该知识产权纠纷。中国（浙江）知识产权维权援助中心通过对此案双方提交的投诉书、申诉书、中国（温州）知识产权维权援助中心出具的专利侵权判定咨询意见、投诉方外观设计专利文本及专利权评价报告等材料进行详细核查，并对链接层面展示的被控侵权产品图示和专利文本公开的图示进行了比对。在比对过程中，该中心通过参考涉案专利附具的外观设计专利权评价报告中对"儿童碗"现有设计的说明，以及涉案专利与专利权评价报告中罗列出来的对比设计设计特征的比对评述及分析，充分掌握了解了"儿童碗"领域现有设计状况以及国家知识产权局对该领域产品进行是否相同、实质相同或不具有明显区别的评判时的评判标准，并关注到对于被控侵权产品与涉案专利在碗嘴形状、碗身图案等部位的差异是一般消费者容易关注到的部位，故认为被控侵权产品与涉案专利整体设计方案既不相同，也不近似，未落入涉案专利保护范围，并向淘宝知识产权保护平台出具针对该案的"专利侵权判定咨询意见"，淘宝知识产权保护平台认同该中心观点，保留了被投诉方在淘宝电商平台销售被控侵权产品的链接信息。

再如，权利人周某以其持有的"胶水管"外观设计专利，附具国家知识产权局出具的给予肯定结论的外观设计专利权评价报告，在阿里巴巴集团旗下的1688知识产权保护平台对台州市某胶业有限公司的两条销售相同产品的链接进行投诉，请求1688知识产权保护平台对被控侵权产品作下架处理。1688知识产权保护平台建议投诉方寻求中国（浙江）知识产权维权援助中心对该知识产权纠纷进行处理。中国（浙江）知识产权维权援助中心对此案投诉方提供的投诉资料、投诉专利文本及专利权评价报告、被投诉方于 1688 知识产权保护平台提交的资料进行梳理，并通过参考涉案专利的专利权评价报告中的初步结论了解到，涉案专利符合《专利法》授予外观设计专利权的条件，通过专利权评价报告中初步结论的具体说明和解释，以及结合罗列的涉案专利申请日前已公开的相同和相近产品反映涉案专利部分设计特征或者有关的 10 篇对比设计，认定牙膏管状类产品非常普遍，而且管型为常规设计，故此类产品中，产品表面图案的组成、分布、排列等设计往往会产生显著的视觉差异。在此基础上，该中心对比了被控侵权产品和涉案专利产品后认定，虽然被控侵权产品与涉案专利产品表面图案在具体细节以及细小局部有差异，但对于一般消费者而言，两者管面上图案和文字的排布位置、排列方式、组合形式，两者整体的设计风格、设计理念均极为近似，并未对两者整体视觉效果产生显著影响。该中心判定被控侵权产品与涉案专利整体设计方案构成近似，落入涉案专利保护范围，并向 1688 知识产权保护平台出具针对该案的"专利侵权判定咨询意见"，1688 知识产权保护平台认同该中心观点，并作出决定，删除台州市某强胶业有限公司在 1688 销售平台销售被控侵权产品的链接信息。

对于第三方评判机构而言，其不一定对所有领域的产品现有设计和设计空间都了解，因此在调解侵权纠纷时存在一定难度。由国家知识产权局出具的外观设计专利权评价报告包含四个部分内容：基本著录项目信息；检索信息和对比设计条目；对请求评价的外观设计的专利性评价以及解释和说明；报告附图，包括本专利和对比设计的公告视图和相关信息。学会解读外观设计专利权评价报告，获取评价报告中对本领域现有设计和创新程度以及暗含的申请规范等价值信息，无论是对第三方评判机构还是专利权人本身都有很大的帮助。

从中国（浙江）知识产权维权援助中心联合阿里巴巴（淘宝）网络有限公司解决处理电商领域知识产权（外观设计专利）纠纷的流程中可以看出，该中心主要是利用了评价报告中所包含的三点信息：①根据评价报告提供的初步结论和案件信息，帮助该中心确定此外观设计专利是否符合《专利法》授予外观设计专利权的条件，帮助其中心确定此外观设计专利的保护范围，结合检索范围提供的相关信息，对判定过程中"一般消费者"的界定作参考；②根据外观设计专利权评价报告关于现有设计的阐述内容，并结合报告现有设计的附图，帮助该中心了解外观设计专利相同和相近种类产品的现有设计情况和设计创新点信息；③根据报告中检索得到的对比设计与外观设计专利比对的初步结论以及该初步结论的具体说明和解释，帮助中心获知外观设计专利相同和相近种类产品的设计空间，总结对产品整体视觉效果具有显著影响的设计特征，了解专利法的评价标准，从而为该中心作出的判断提供足够的支持。"专利权评价报告制度"不仅为淘宝知识产权保护平台形式（初步）审查外观设计专利的有效性（稳定性）提供了官方依据，还为中国（浙江）知识产权维权援助中心在协助 1688 知识产权维护平台解决纠纷时出具的"专利侵权判定咨询意见"提供具有专业性和权威性的理论支撑。

读懂专利权评价报告，挖掘其信息内容，无论是对侵权纠纷进行判断，还是专利交易环节对该专利价值的评估和考量，抑或是挖掘本领域的设计信息，都有很大的帮助。淘宝知识产权保护平台利用外观设计专利权评价报告来应对电子商务领域的知识产权纠纷，不但减少了恶性竞争的行为，还对平台上的商家普及了外观设计专利方面的相关知识，增强了商家对产品外观设计保护的意识，提高了商家对产品外观设计专利侵权风险察觉的敏感度，为商家创新、改良产品设计提供了一定启示。

（四）活用专利权评价报告，辅助设计创新和知识产权布局

【案例 7】

2011 年 1 月 6 日，戴森技术有限公司（下称戴森公司）针对国内某专利权人的无扇叶风扇（即无叶风扇）专利向专利复审委员会提出无效宣告请求。自此，正式拉开了戴森公司在中国的外观设计专利战，并迅速引发了中英双方的高度关注。

无叶风扇是英国戴森有限公司于 2009 年 10 月 12 日在英国首度推出的产品。它是一种利用流体动力工程技术，通过高效的无刷电机从底座部分吸入空气并使气流增加 15 倍后，从一个宽 1.3 毫米的环形切口中喷出，从而产生风量的设备，又被称作"戴森空气倍增器"（见图 3 - 7 - 1）。

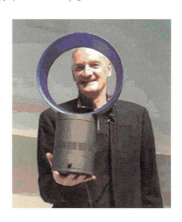

图 3 - 7 - 1　戴森公司的无叶风扇及其发明人

戴森公司的无叶风扇在中国上市后，很快便引发国内风扇市场的一场革命，成为炙手可热的产品。无叶风扇最为独特的设计理念，在于它打破了传统的旋转叶片模式，以无扇叶的环形通透壁罩形象出现在消费者眼前。这一革新不仅免除了消费者清洗扇叶和防护罩的操劳，同时也大大提升了产品的安全性，大幅降低了被高速旋转的扇叶意外伤害的可能性。

面对大好的市场前景，国内不少中小型企业纷纷推出自己的无叶风扇，并且就相关产品向国家知识产权局申请了产品的外观设计专利。据不完全统计，仅2010年和2011年，国家知识产权局就先后授权了近300件相关的外观设计专利，其中95%以上为国内申请人申请。

面对这一状况，戴森公司大刀阔斧地展开了专利维护战，先后提出200余件外观设计专利权的无效宣告请求。当然，戴森公司的全面宣战也必将受到对手们的猛烈还击，不少对手使用1981年公开的东京芝浦电气（现为东芝）的发明专利"特开昭56-167897"来主张戴森公司的专利权无效（见图3-7-2）。

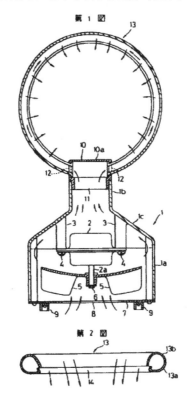

图3-7-2　特开昭56-167897专利文献附图

在这场专利大战中，戴森公司胜多败少，但同时也让其意识到，要想在中国市场上奠定龙头的位置，需要加强知识产权战略布局，尤其是加强对专利方面的监控。

为了对自己的专利权作出更准确、有效地评估，自 2013 年起，戴森公司开始充分利用外观设计专利权评价报告制度，对其获得外观设计专利权的专利提出评价报告请求，以了解无叶风扇领域的现有设计和在中国已获权外观设计专利的专利状况。经统计，戴森公司 2014 年共授权外观设计专利 45 件，提出外观设计专利权评价报告请求 66 件（包含 2013 年授权的外观设计专利）；2015 年戴森公司共授权外观设计专利 61 件，提出外观设计专利权评价报告请求 37 件；2016 年戴森公司共授权外观设计专利 34 件，提出外观设计专利权评价报告请求 28 件。

从大批量的专利无效战，到强化运用外观设计专利权评价报告的专利策略可以看出，戴森公司对专利权评价报告制度的重视程度不断提高。中国的外观设计专利制度实行明显新颖性审查的初步审查制度，授权专利的权利稳定性不及进行三性审查的发明专利。通过对本书第三部分中的案例 1 汽车案件的分析不难发现，如果对自身权利的有效性评估出现问题，不仅无法进行有效维权，甚至可能会给企业自身造成巨大的损失。这种损失，往往和企业规模成正比，即越是大型企业，其投入的各项成本越大，一旦战略定位发生错误，会更加容易遭受高额的损失。戴森公司作为一家国际性公司，其在实施专利战略布局的时候，专利权稳定性的考虑不容忽视，而外观设计专利权评价报告恰恰为权利稳定性评价提供了有效的参考依据，成为其现阶段企业发展策略的重要选择。

通过与戴森公司在中国委托的律师事务所的专利代理人沟通了解到，由于近年来国内市场上依旧存在大量的仿造商品，维权问题一直受到戴森公司的高度重视。戴森公司不仅将其产品全部申请外观设计专利，而且对于能够给企业带来丰厚利润的核心产品，一定会提出专利权评价报告请求，及时验证其权利的稳定性。戴森公司认为，无论是实用新型专利权评价报告，还是外观设计专利权评价报告，对该企业而言都是尤为必要的。他们非常信任专利权评价报告的客观性与公平性。将通过专利权评价报告给出专利权稳定结论的专利产品投入中国市场，他们会更加充满信心，这一制度为他们的市场决策提供了必要的法律支持。所谓"磨刀不误砍柴工"，当对自有专利权的稳定性有了更为权威、准确的定位后，会更好地推动后续工作的部署和实施，避免因评估不足而带来的决策失误。事实证明，戴森公司的这一决策是正确的。经统计，在戴森公司请求的全部外观设计评价报告中，通过结论发现有约 20% 的专利权存在不稳定因素。设想，倘若戴森公司没有对其授权的外观设计专利提出评价报告，而是贸然地推广专利产品，那么将有 1/5 的权利将在后续的行使过程中遇到阻碍，最终可能成为企业发展的隐患。

从戴森公司对评价报告制度运用的及时性来看，2014 年以来，戴森公司请求出具外观设计专利权评价报告的时间，几乎全部都是在获得外观设计专利权证书后的一个月内。戴森公司对专利权评价报告制度的积极运用，确实为国内企业树立了一个榜样。目前，国内不少企业还秉持着"等需要的时候再提出专利评价报告的请求"的理念，可现实的教训不断地告诫我们，等真到了"需要"的时候再提出外观设计专利权评价报告请求，往往已经为时已晚。法定的外观设计专利权评价报告作出时间是自国家知识产权局收到合格的专利权评价报告请求后两个月内作出，如果企业不提前部署，等需要的时刻来临，两个月的等待将可能带来巨大的损失后果。时间就是金钱，这也是为何戴森公司会在拿到外观设计专利权后的第一时间，向国家知识产权申请外观设计专利权评价报告的原因所在。因此，像戴森公司一样，提前部署工作，抢得先机，是正确且必要的。

【案例8】

某国际家居公司是国内较大的家具生产企业，主要经营家居设计及家具销售。近10年的外观设计专利申请量达到1150件左右，其重点产品基本上在获得授权后就会提出专利权评价报告请求。

2017年1月，某国际家居公司的四件外观设计专利产品（餐桌、咖啡桌、沙发、梳妆柜）被浙江某家具有限公司、上海市青浦区某家具经营部侵权，于是其向上海知识产权法院提起诉讼。审理过程中，两被告对该四项外观设计专利提出了无效宣告请求（见图3-8-1）。

被诉侵权沙发产品

某国际家居公司沙发专利产品

被诉侵权咖啡桌产品

某国际家居公司家居咖啡桌专利产品

被诉侵权餐桌产品

某国际家居公司餐桌专利产品

被诉侵权梳妆柜产品

某国际家居公司梳妆柜专利产品

图 3 - 8 - 1　某家居公司专利产品与侵权产品对比

2017 年 8 月，专利复审委员会作出审查决定，维持某国际家居公司四件外观设计专利权的效力。同时该公司第一时间对该四项外观设计专利请求知识产权局出具外观设计专利权评价报告，并及时向法院提交了该报告证据证明自身专利的有效性和稳定性。2017 年 11 月 29 日，上海知识产权法院对此案作出判决，判令浙江某家具有限公司、上海市青浦区某家具经营部自判决生效之日起立即停止对某国际家居公司享有外观设计专利权的四件产品的侵权行为，并赔偿经济损失及承担相关诉讼费用。某国际家居公司最终胜诉，成功维护了企业享有的知识产权。

某国际家居公司不仅将外观设计专利权评价报告用于法院诉讼、地方知识产权局投诉、电商维权方面，自证专利权的稳定性，采取积极防御措施；而且会认真解读自身所拿到的每一份外观设计专利权评价报告，用于指导产品开发。如果是否定结论，重点关注产品与对比设计的比较，从中了解产品相同、实质相同及不具有明显区别的标准，明确怎样的设计是不具有新颖性的，力争在下次的产品开发过程中尽量避免设计的雷同，减少侵权纠纷发生的可能性。同时，考虑到结论对企业的不利性，也会思考遇到侵权纠纷时的应对策略，尽量减少企业损失；如果是肯定结论，也会仔细分析现有设计的选取，重点关注国内外设计的差异，分析产品的创新点，为企业自身产品的设计寻找灵感，指导产品开发。

外观设计直观性的特点使得其容易被迅速仿制，但在网络平台迅速发展的大环境下，"颜值"恰恰是消费者第一眼关注的焦点，所以成为各大商家竞相仿制和争夺的资源，知识产权在这种大环境下越来越被频繁地提及和受到企业的广泛关注和重视。在看不见硝烟的战场上，谁掌握了知识产权的主动权，谁就占得先机。某国际家居公司作为一家创新先行的家具生产企业，对知识产权的保护和运用尤为重视。之所以如此重视评价报告在专利侵权纠纷投诉、企业维权等方面的作用，主要归因于某国际家居公司在法院诉讼过程中曾经遇到过法院要求其提供外观设计专利权评价报告，但由于企业并未意识到评价报告的作用，因此并未请求国家知识产权局出具，无法提供专利权评价报告导致案件中止，延长了诉讼时间，增加了企业损失。某国际家居公司吸取此次教训，此后一般都会主动请求国家知识产权局出具外观设计专利权评价报告，采取主动防御策略，以备不时之需。

随着各界对知识产权问题的重视，评价报告在应对法院诉讼、地方知识产权局侵权投诉、贸易进出口海关备案以及电商平台维权上都发挥了重要作用。善于运用知识产权的武器才能让企业在知识产权的博弈中化被动为主动，攻防得当。某国际家居公司对外观设计专利权评价报告重视和运用的案例很好地诠释了在市场竞争中如何合理运用知识产权武器来保护自己的权益。从某国际家居公司运用专利权评价报告的战略中也可以看出，企业及时请求出具专利权评价报告是必需的，这是应对知识产权问题的必备文件，无论是在进攻或者防守过程中都能起到关键作用。

除此之外，特别值得关注的是，某国际家居公司并没有将专利权评价报告的作用仅局限在应对侵权纠纷上，而是最大化地利用专利权评价报告所带来的各种信息。外观设计专利权评价报告是审查员在对现有设计进行大量检索并综合分析现有设计状况、对比异同点后作出的，报告包含了审查员从专利角度对现有设计的分析，以及作出结论的缘由，并附上了数篇经过挑选的可反映本领域现有设计状况的对比文件。专利权评价报告中所包含的这些信息对企业来说，是了解本领域现有设计状况，研究创新空间，发现产品设计开发点的有力帮手。正是清楚地看到了专利权评价报告的这一作用，对每一份评价报告都认真对待，认真解读，分析、梳理每一份评价报告中出现的现有设计、对比设计的评述和视图，更加清楚地明确了不同时期市场设计发展趋势和创新点，趋利避害，从而在产品开发的过程中达到事半功倍的效果，既能准确定位市场，又能很好地避免陷入侵权的纠纷中。可以说某国际家居公司真正做到了活用、善用评价报告，将评价报告真正作为自己知识产权进攻、防御和创新的利器，为众多正在知识产权路上探索前行的中国企业树立了榜样。

（五）利用评价报告指导外观设计专利申请

【案例9】

专利权人辛某对一件"田径鞋"的外观设计专利请求出具外观设计专利权评价报告，经检索，发现与该权利人同一申请日申请的另两件"田径鞋"外观设计专利的区别仅在于颜色的变化，三者属于同样的外观设计，故评价报告结论为该专利不符合《专利法》第9条的规定。

专利权人广东红某家具有限公司对一件"沙发"的外观设计专利请求出具外观设计专利权评价报告，经检索，发现该权利人就相同的外观设计在同一申请日申请了单人位、双人位和三人位沙发的外观设计专利，三者仅是座位单元数量的增减导致的座椅长度变化，属于同样的外观设计，故评价报告结论为该专利不符合《专利法》第9条的规定。

专利权人北京禾某进出口有限公司请求出具多件"饮料瓶"的外观设计专利权评价报告，经检索，发现这多件外观设计专利为同一申请人同日申请的一系列不同水果口味饮料的饮料瓶的外观设计，瓶体相同，区别仅在于瓶身标贴上的图案和文字根据相应的口味变换相应的水果图案和名称，但标贴上整体文字和图案的布局相同，所以这多件外观设计专利都属于同样的外观设计，故评价报告结论为该专利不符合《专利法》第9条的规定。

专利权人李某对一件"戒指"的外观设计专利请求出具外观设计专利权评价报告，经检索，发现申请人在申请日之前已经在一个大型的工业设计论坛上公开了自己的设计，并且在网易新闻中也对这项设计有所报道，故评价报告结论为该专利不符合《专利法》第23条第1款的规定。

专利权人黄某对一件"人字拖鞋"的外观设计专利请求出具外观设计专利权评价报告，经检索，发现申请人在申请日之前已经在自己经营的天猫店铺内公开销售了该外观设计产品，故评价报告结论为该专利不符合《专利法》第23条第1款的规定。

专利权人浙江安吉恒某椅业有限公司对一件"椅子靠背"的外观设计专利请求出具外观设计专利权评价报告，经检索，发现申请人在该申请日前一个月申请了整把椅子的外观设计，其中体现了靠背的完整设计，虽然于"椅子靠背"专利的申请日之后公开，但也因此构成之后申请的"椅子靠背"专利的抵触申请，故评价报告结论为该专利不符合《专利法》第 23 条第 1 款的规定。

从上述这些案例可以看出，专利权人对外观设计专利制度的不了解，有可能会由于自身的疏忽而影响外观设计专利的稳定性。事实上公众可以通过外观设计专利权评价报告更好地了解我国外观设计专利制度，从而更好地利用外观设计专利保护自己的合法权益。最易于忽视的情形就是如上述多个案例所体现的同样的外观设计分开申请所带来的问题。2016 年所作出的否定结论的评价报告中，由于权利人在同一日申请了两件以上同样的外观设计专利导致不符合《专利法》第 9 条的占比就达到了 6.7% 左右，大部分情形都诸如不同设计之间仅是颜色改变、比例改变、单元设计特征数量改变、同一系列产品不能察觉的局部细微变化等，而这些类型的外观设计应当以相似外观设计的方式提交申请，以使每一项设计都能获得保护。对于部件和整体都需要保护的外观设计情形，应当于同一日提出申请或者先申请部件再申请整体。

此外申请人还需要提高防范意识，不要在申请之前对外公布自己的设计，否则会破坏掉专利的新颖性，如果在先公开符合我国《专利法》第 24 条不丧失新颖性的情形，在申请的时候一定要善于利用这一制度，从而避免因为自身的疏漏导致专利丧失新颖性。

由于专利权评价报告非行政决定，它的结论不会影响请求评价的外观设计专利的法律状态，但也告知了专利权人其专利所存在的风险，同时也让专利权人从中吸取教训，进一步了解外观设计专利制度，进而在后期以合适的方式和时机申请同类型的外观设计专利。同时通过对评价报告的分析解读，权利人对外观设计专利权的评价标准也能有一个全面的认识，用以指导产品的设计开发。

结束语

外观设计专利权评价报告是国家知识产权局对外观设计专利权稳定性作出的权威性评价，是人民法院或者管理专利工作的部门审理、处理专利侵权纠纷的重要证据。专利局外观设计审查部和专利局专利审查协作北京中心外观部作为外观设计专利权评价报告的作出部门，本着"客观、公正、准确、及时"的要求，在外观设计专利权评价报告审查工作中尽职尽责，将被评价专利的申请日前与之最接近的现有设计尽可能地列在评价报告中，以使得请求人对现有设计的状况有全面的了解。第三次《专利法》修订以来，评价报告请求量逐年上升，通过开展各种培训和调研活动，并积极探索外观设计专利权评价报告的分领域审查工作，审查员的检索能力和撰写水平得到不断提升。在此基础上，国家知识产权局专利局外观设计审查部组织富有审查经验的审查员编写本书，旨在分享专利权评价报告理论知识和典型案例，以使读者受益。本书编写人员在编写过程中分若干组，分别整理了近2万多件外观设计专利权评价报告，精挑细选，从中选取了近百个有代表性案例，进行归纳分类整理，呈现给各位读者，本书在编写过程中得到了专利局外观设计审查部部领导、法院和地方专利管理机关相关人员的大力支持，第三部分的专利权评价报告运用的案例也是相关企业无私提供的，在此对所有为本书顺利出版提供帮助的人士表示深深感谢。